岩波科学ライブラリー 244

音とことばの
ふしぎな世界
メイド声から英語の達人まで

川原繁人

岩波書店

目　次

プロローグ ………………………………………………… 1
　　──日本人は英語が苦手？

第1章　「マル」と「ミル」はどちらが大きい？ …………… 5
　　──音象徴

[a]は大きくて[i]は小さい？／「ゴジラ」が「コシラ」だったら？／「濁音＝大きい」──口の中が広がるから／ケーラーの不思議な図──「タケテ」と「マルマ」／名前で見た目の魅力も変わってしまう？──名づけの音声学／「タ行」は男の子の音，「な行」は女の子の音？／「タ行」は「ツンな」名前，「な行」は「萌な」名前？／本当にツンツンしている「タ行」の音／《まとめ》

第2章　「あかさたな」とサンスクリット研究 ………………21
　　──音声学のはじまり

音声学の始まり──五十音図の起源は紀元前4世紀！／調音点と調音法／「ひよこがぴよこ」で「母がパパ」？／五十音図に隠された規則性／日本語のラッパーは音声学者？──日本語ラップの韻の分析／「あいうえお」にも意味がある／顔文字の発明者は音声学者？／《まとめ》

第3章　世界中のことばを記録する方法 ……………37
——記述音声学

世界のすべての音を記録する国際音声記号／『マイ・フェア・レディ』と音声学の意外なつながり／アフリカの奥地からアマゾンの奥地まで／舌打ちで話すことば，子音だけで話すことば／日本の方言学／言語聴覚士にも必須の音声記号／《まとめ》

第4章　音を目で見る ……………49
——調音音声学

MRIで[r]と[l]の違いを目で見てみよう／あなたは「巻く」派？「巻かない」派？／"鼻にかかった音"はどんな音？／MRIで日本語の母音をチェック！／舌の動きはエコー検査で！／EMAと顎と顔文字と／声帯の動きを首の外側から観察——EGGのテクニック／調音点・調音法をもっと正確に！——EPG／《まとめ》

第5章　声紋分析官への道 ……………65
——音響音声学

実は大事な三角関数／フーリエ解析——すべての音は1つの音でできている／「あいうえお」の声紋とは？／声紋から探る[r]と[l]の違い／どうして電話の相手の声を間違える？——振り込め詐欺に注意！／秋葉原のメイド声ってどんな声？／アメリカ人だって，外国語習得は苦手／音響分析なら何でもお任せ——Praat／「高いのは小さく，低いのは大きい」？——音響的音象徴／「はい，チーズ！」の「チーズ」はどこから来た？／《まとめ》

第6章 ないはずの音が聞こえる日本人 ……………………85
　　──知覚音声学

[r]と[l]──深層では何か違いを感じている日本人／カテゴリー知覚／[ebuzo]と[ebzo]が同じに聞こえる日本人／脳が音をでっちあげる？／日本人だけじゃない──[tl]と[kl]が同じに聞こえるアメリカ人／赤ちゃんは言語習得の天才／赤ちゃんはテレビで音は学ばない／完璧な外国語習得は無理？／《まとめ》

第7章 社会との接点を目指して ……………………99
　　──福祉音声学

消滅危機言語を救え！／現代社会に根付いている音声工学の技術／より効率的な外国語学習方法を目指して／失われる声を救う──マイボイス

エピローグ ……………………………………………105
　　──さらなる視界へ

参考文献の紹介

プロローグ
──日本人は英語が苦手？

　みなさんは，英語が得意ですか？　苦手ですか？　私はアメリカで10年以上の研究生活を送りましたが，英語に関しては苦手なことが今でもたくさんあります．みなさんの中にも，英語にはなんとなく苦手意識のようなものがある人が多いかもしれません．

　日本人が英語を苦手とするというのは，不名誉なことながら，音声学の世界ではとても有名です．中でも有名なのは，「日本人は[r]と[l]の発音の区別や聞き取りがよくできない」ということです．私自身，今でもこの違いがわかったりわからなかったりといった感じで，自分で発音してから，「あ，間違えた！」と思うことも，実はしばしばです．

　また，英語は日本語と違って，子音がたくさん並んで出てくることがあります．たとえばstrengthsなどという単語は，語頭に子音が3つも出てくるのに母音は1つしかなくて，その後に子音が3つ，4つも並んでいます．「子音が5つじゃないの？」と思われるかもしれませんが，ngthsの部分はthが1つの音で，ngも発音の速さによっては1つの音になるかもしれないので，実際の発音は発音記号で表すと[ŋkθs]か[ŋθs]となり，子音の数は3つ，もしくは4つになります．

　日本語では子音の後に母音がくるのが普通ですから，こんな英単語を見ると，きちんと発音できる気がしませんね．これを日本語風

に発音すると,「ストレングスス」とでもなるでしょうか.日本語風の発音にすると母音が6つ必要になりますから,英語の発音よりも5つも余計に母音が必要になってしまいます.

　子音が並ぶといえば,アメリカの大学院時代のエピソードが思い出されます.ある日,私は日本人の先輩とドイツ人の Wurmbrand という名前の言語学者について話をしていたのですが,私はその名前を「うるむぶらんど」と発音していました.日本人同士で話していましたから,"普通に"深く考えずに発音していたわけです.みなさんも日本語で話していたら,そういう風に発音してしまうと思いませんか？　そうしたら,脇で「うるむぶらんど」という発音を聞いていた英語話者の友人たちに大笑いされてしまいました.「私たちの知っている Wurmbrand には母音がそんなにいっぱい入ってないわよ！」と言うのです.

　彼女たちは日本語風の発音の「うるむぶらんど」が大変気に入ったようで,後日,私はその仲間の1人が教える言語学入門のクラスにゲストとして呼ばれて,わざわざその「うるむぶらんど」の発音を披露することになったのでした！　先日その大笑いした人の1人に,本書の執筆報告ついでに,「うるむぶらんど」のことを覚えているかをメールで尋ねたところ,「もちろん！　今でもお気に入りの例だから」という返事が返ってきました.

　さて,ちょっと話がずれましたが,日本人にとって英語が難しいというのは,まぎれもない事実だと言っていいでしょう.[r]と[l]を区別することも,連続する子音を発音することも,私たちにとっては難しいことです.本書では,この「日本人はなぜ英語が苦手なのか」という問題をテーマの1つにして,音声学という学問の様々な側面を紹介していきたいと思います.

音声学というのは，簡単に言えば，「私たちがことばを話すとき，そこで何が起きているのか」を研究する学問です．私たちが話をするとき，そこでは実際，何が起こっているのでしょうか？　まずは話者が肺を動かし，空気が流れ，その空気が声帯を振動させ，口が動いて音声を発します．そして，その音声が空気の振動として聞き手の耳に伝わります．その空気の振動は聞き手の耳の鼓膜を振動させ，耳の奥で脳が理解できる電気信号に変換され，聞き手は話者の意図を理解します．音声学は，この一連の流れを研究するもので，およそ人間の音声のあらゆる性質に関する学問と言ってもいいでしょう．

　音声学は，一般的に3つの分野に分けられます．1つ目は，私たちがどのように口を動かして音を出すかを研究する「調音音声学」，2つ目は，その口の動きがどのような空気の振動に変換されるのかを分析する「音響音声学」，3つ目は，その空気の振動がどのように理解されるのかを調べる「知覚音声学」です．

　みなさんもそうかもしれませんが，普通は「音声学」といっても，何のことかよくわからないと思います．私は，大学の1年生でまだ音声学についてよく知らないときに，先輩から「音声学はいろいろ覚えることがあって面倒くさいよ」と言われました．また，「音響音声学」になると，難しそうな数式まで出てきたりして，それを見るだけで嫌になってしまう人もいるようです．でも心配にはおよびません．本書では，音声学の本当の面白さを伝えるのが目的ですから，垣根を低くするためのいろいろな工夫をしてみました．数式はほとんど出てきません．出てくる場合はきちんと説明しますので，ご安心ください．

　「音声学って難しい！　面倒くさい！」という人が少しでも減る

ようにとの思いをこめて，本書は大学生や高校生，また一般のみなさんにも読んでもらえるような音声学の入門書を目指しました．「音声学ってこんな分野だったんだ」「音声学ではこんなこともできるんだ」と思ってもらえることを期待しています．

　本書では全体を通して，グラフや図などをたくさん交えて解説していきます．また，オンラインサイトでは，本書で取りあげる音声 音声 や動画 ビデオ が実際に見聞きできるようになっています．（http://iwnm.jp/029644m）

　本書の内容を簡単にご紹介しましょう．
　第1章では，まず，音声学の入門として，「音象徴（おんしょうちょう）」という現象を取りあげます．音象徴は私たちの生活にとても密接な関係のある現象です．続く第2章では，音声学の基礎を学びながら，私たちに身近な五十音図に隠された規則性を紐解いていくことにします．第3章では，音声学の技術を使って世界の言語を記述する音声学者たちの姿を紹介し，世界各地における音声学者の活躍を見ていくことにします．続いて，第4〜6章では，「調音音声学」「音響音声学」「知覚音声学」を詳しく学びます．最後に，第7章では，音声学が実社会とどのように関わっているか概観します．

　なお本書の性質上，本文中に参考文献の詳細を加えることは控えましたが，本書の最後に参考文献のリストをまとめてあります．

第1章 「マル」と「ミル」はどちらが大きい？
──音象徴

　第1章ではまず、「音象徴」という現象を紹介したいと思います．みなさん，「ゴジラ」という怪獣はご存知ですね．あれがもし，「コシラ」という濁点なしの名前だったら，みなさんはどう感じますか？　同じように，もし，「ガンダム」が濁点なしの「カンタム」だったらどうでしょうか．濁点があるのとないのとでは，イメージがガラッと変わってしまいます．

　こう考えてみると，何か濁点特有のイメージがあるような気がしませんか？　もう1つ例をあげてみましょう．とある国に，「サタカ」という女の子と「ワマナ」という女の子がいたとします．みなさんは，どちらの名前の女の子がおっとりとしていて，どちらの女の子がキリッとしていると感じますか？　これもみなさん，それぞれの名前に，ある印象を持つと思います．しかし，私たちはなぜ，音を聞いただけでなんらかのイメージを持つのでしょうか？

　現代言語学では，「音自体には意味がない」ということが人間言語の原則の1つであるとされてきました．たとえば，「[r]という音そのものには意味がない」ということです（音を表すときには[　]で囲むことが言語学の約束ごとになっています）．また，「音と意味のつながりは恣意的である」と言われたりもします．"現代言語学の父"と呼ばれるフェルディナン・ド・ソシュールはこの点をかなり明確に打ち出し，この「意味と音のつながりの恣意性」の原理は，

現代言語学ではほぼ当然のこととして受け止められてきました．

しかし果たして，本当にそうでしょうか？　先ほどの例のように，音そのものに意味があるのではないかと思われる現象が，実際には多く見られます．音声学では，このような音から意味の連想が直接起きる現象を「音象徴」と呼び，音から連想されるイメージのパターンを「音象徴パターン」と呼びます．

様々な音象徴のパターンをよくよく観察してみると，音象徴には音声学的に考えてこそ納得がいくものが多いことがわかります．本章では様々な音象徴のパターンを例にあげながら，それらの音象徴パターンが私たちの発音の仕方や音響特徴とどう関わっているかを考えていきたいと思います．

[a]は大きくて[i]は小さい？

音象徴の研究の歴史は，実にとても古いものです．紀元前5世紀の哲学者であるプラトンは，『クラテュロス』という対話篇の中で，音象徴について議論しています．音と意味のつながりというものは，なんと古代ギリシャ時代からの問題なのです！　しかし，本格的に音象徴の研究が始まったのは，クラテュロスの時代からはるか後の20世紀，エドワード・サピアの1929年の論文からです．

このサピアの論文では，次のような実験が報告されています．みなさんも一緒に考えてみてください．とある未知の言語では，図1-1のような「小さなテーブル」と「大きなテーブル」を表す単語が別々に存在するとします．その2つの単語とは[mal]と[mil]なのですが，みなさんは，どちらの単語がどちらのテーブルを表すと思いますか？

どうですか？　「[mal]のほうが大きいテーブルを指す」と思っ

第1章 「マル」と「ミル」はどちらが大きい？

図 1-1　どっちが[mal]でどっちが[mil]？

た人が多いのではないでしょうか．サピアの実験では，多くの英語話者が「[mal]＝大きいテーブル」と答えました．サピアの実験では英語話者が対象となりましたが，後の実験で，日本人や韓国人，中国人でも「[a]が大きくて[i]が小さい」と考える人が多い，という結果が出ています．これは，多くの人が「[a]が大きくて[i]が小さい」という感覚を持っている，ということです．

つまり，「[a]が大きくて[i]が小さい」という音象徴は，様々な言語の話者の感覚の中に存在するわけです．この音象徴パターンは，[mal]や[mil]といった実際には使われない単語を使った実験だけでなく，実際に使用される単語でもよく見受けられます．たとえば，英語では「-y」という幼児語の接辞(発音は[i])を単語の後ろにくっつけると「子ども向けの，可愛い」という意味になります．たとえば，blanket(毛布)を blanky と言うと，急に可愛らしく聞こえるようになるという具合です．

私はアメリカで大学院生として勉強していたころ，私の名前が「しげと」なので，小さい子どもに「Shiggy」と呼ばれることがありました．やや複雑な心境にもなるのですが……，これは「-y」の

接辞の[i]という発音が「小さい，可愛い」という音象徴を持っているために起こった現象の例としてあげられるでしょう．

また，日本語の拗音(小さい「ゃ，ゅ，ょ」)というものは[i]に非常に近い音なのですが，オノマトペ(擬声語/擬態語)を見てみても，拗音が入ると「小さい」というイメージが付与されることが多いことがわかります．たとえば，「ぴょこぴょこ」は小さいものが動いている感じがしますし，「ちょこちょこ」は「少しずつ」という意味になりますよね．

では，なぜこのような音象徴パターンが見られるのでしょうか？ためしに「あ，い，あ，い，あ，い」と発音してみてください．「あ」(＝[a])を発音するとき，私たちの顎は大きく開きます．でも，「い」(＝[i])を発音するときには，顎は小さくしか開きませんね．このような顎の動き(またはそれに伴う口の開き)が，その音のイメージそのものにつながっている可能性があります．

「ゴジラ」が「コシラ」だったら？

次に，最初にお話しした「ゴジラ」という名前について考えてみましょう．もし，「ゴジラ」が濁点なしの「コシラ」だったらどうでしょうか．あの大きな怪獣にはふさわしくない名前のように感じませんか？　なんだか小さいような弱いような感じがしてしまうと思います．同じように，「ガンダム」が「カンタム」だったらどうでしょう．これまた急に，小さく，弱々しくなったように感じませんか？

実は，あの「ゴジラ」という名前は，「ゴリラ」の「ゴ」と「クジラ」の「ジラ」をとったものです．ですから，あの怪獣の名前は，原理上は「クジラ」の「ク」と「ゴリラ」の「リラ」を合わせた

「クリラ」でもよかったわけです．でも，「クリラ」だと，なんだか強そうな感じがしませんね．どちらかというと，「クリラちゃん」という小さな女の子の名前のようです．どう考えても，あの怪物の名前にはふさわしくありません．

　では，「ゴジラ」と「クリラ」の違いはどこにあるのでしょうか？　やはり「ゴジ」の部分ではないでしょうか．この2文字には濁点が付いています．「ゴジラ」が大きくて強そうなのは，この濁点のせいかもしれません．みなさんの知っている悪者や怪獣の名前も思い浮かべてみてください．もしや，濁音が多く含まれていませんか？　それらの名前から濁点をとってみたら，どのようなイメージになってしまうでしょうか？

　「ゴジラ」や「ガンダム」以外でも，日本語の他の語彙を見ると，やはり濁音には「大きくて，力強い」というイメージ，つまり音象徴パターンがあるようです．さらには，この「濁音＝大きい」という音象徴パターンは，濁音を持つ他の言語の話者でも観察されることが，研究の結果わかっています．この音象徴パターンが生まれた理由も，先ほど触れた「[a]＝大きい」という音象徴パターンと同じく，音声学的に説明することができます．

「濁音＝大きい」——口の中が広がるから

　「濁音＝大きい」というのには，音声学的な理由があります．実は，私たちが濁音を発音するときには，「口の中が大きく広がって」います．これは簡単な空気力学的な問題なので，一緒に考えていきましょう．図1-2を見てください．これは私たちの顔を横から見たときの，口の中の空間を表したものです．

　私たちが濁音を発音するときには，口の中では実際にどんなこと

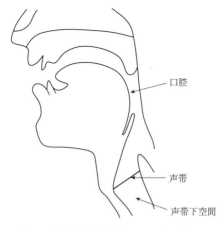

図 1-2 横から見たときの口の中の空間.

が起こっているのでしょうか．濁音というのは，声帯振動を伴います．声帯を振動させるには，肺から口の中（口腔）に空気を流しながら，喉の中の声帯を震わせる必要があります．声帯の下の空間は「声帯下空間」，上の空間は「口腔」と呼ばれます．濁音が発音される際，肺から来た空気は声帯下空間から口腔内に流れ込みますが，同時にその流れは，唇や舌で阻害されます．このような阻害を伴う音は「閉鎖音」と呼ばれます．

「ゴジラ」や「ガンダム」にでてくる[g]を例にとって，空気の流れを考えてみましょう．図 1-3 のように，「ゴ」を発音しようとするときも「ガ」を発音しようとするときも，空気の流れが舌で止められ，口腔は閉じた空間になります．そして，その閉じた空間にさらに，声帯下空間から来た空気が流れ込もうとします．

閉じた空間（口腔）に空気が流れ込むと，図 1-4 で示しているように，その空間内の気圧は上がります．ところが空気というものは気

第1章 「マル」と「ミル」はどちらが大きい? 11

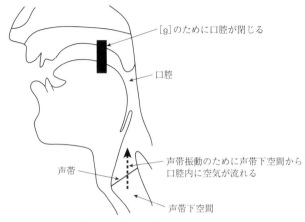

図 1-3 [g]発音時の空気の流れ.

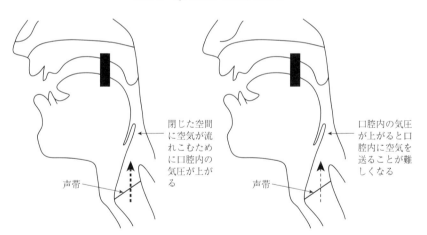

図 1-4 [g]発音時の口腔内の気圧の変化.

圧の高いところから低いところに流れますから,口腔内の気圧が上がってしまうと,その空間に声帯下空間から空気を送ることが難しくなり,声帯の振動は止まってしまいます.

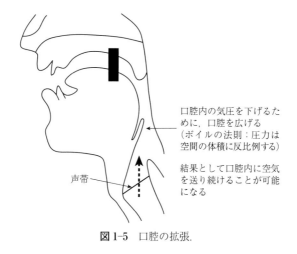

図1-5 口腔の拡張.

　そこで，話者はどうするかというと口腔を広げるのです(図1-5)．具体的には，喉頭(声帯が入っている骨)を下げたり，口腔の上の壁を持ち上げたりします．そうすると，口腔内の気圧が下がって，さらに空気を送ることが可能になるわけです(空間を広げると気圧が下がるというのは，「体積×気圧＝一定」というボイルの法則に基づきます)．このように，濁音を発音するときには，口の中が実際に広がるのです．

　この説明を読んで「なんだか難しいなぁ」と思った人は，「あっっっっっっっっっっっっっっっっっば」というふうに，口を閉じたまま「っ」の部分を長く発音しようとしてみてください．そうすると，ほっぺたが自然に広がっていくと思います．それが口腔の膨張です．ほっぺたが限界まで広がると，声帯振動が止まってしまうのが感じられる人もいるかもしれません．どうしてもピンとこない人は参考ビデオを見てみてください．ビデオ 1-1

第1章 「マル」と「ミル」はどちらが大きい? 13

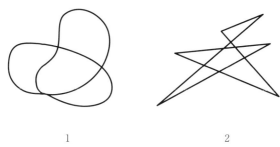

1 2
図1-6 ケーラーの不思議な図.どっちが「タケテ」でどっちが「マルマ」?

　もし,濁音を発音するときの物理的・身体的な口腔の膨張によって「濁音＝大きい」というイメージが作られているのだとしたら,面白いですね.この仮説が正しいとすると,なぜ英語話者や中国語話者も濁音に対して「大きい」というイメージを持っているか説明がつきます.いま説明した濁音の発音の仕方は物理的なことがら(＝空気力学的問題)ですから,話されている言語が何であっても関係ないと言えるのです.

ケーラーの不思議な図──「タケテ」と「マルマ」

　次に,もう1つ有名な音象徴パターンを見てみましょう.こちらは心理学者のウォルフガング・ケーラーが1929年に著した本で紹介した例です.図1-6を見てください.この2つの図形に「タケテ[takete]」か「マルマ[maluma]」,どちらかの名前を付けるとしたら,みなさんはどちらの図形にどちらの名前を付けますか?

　多くのみなさんが,1に「マルマ」,2に「タケテ」という名前を付けたのではないでしょうか.日本語では円のことを「まる」と呼びますから,1に「マルマ」が当てはまるのはそのせいだと思われ

るかもしれませんが，1に「マルマ」と名づけるという現象は，実は日本語の話者以外でも観察されています．

　また，「メラマ」と「タケテ」であっても，みなさんはやはり1に「メラマ」と名づけるのではないでしょうか．いったい私たちは，どのような理由でこれらの図形の名前を選んでいるのでしょうか？すぐに答えが知りたくなってしまうかもしれませんが，先に少しだけ，関連する音象徴のパターンを解説させてください．

名前で見た目の魅力も変わってしまう？──名づけの音声学

　私たちがその図形を見てなんとなく名前が選べてしまうということは，その「名前」と「見た目」の間になんらかの関係がある，ということになります．そうすると，「人に関しても，名前が見た目の評価に影響してしまうのではないだろうか？」という疑問が湧いてきますね．これについては，エイミー・パーフォースという人が実際に検証しています．

　パーフォースの実験では，写真に写っている人の魅力を判定するウェブサイトが使われました．同じ人の写真のコピーに様々な人の名前を付けてアップロードし，名前によって魅力度が変わるかどうかを分析したのです．実験の結果，男性にも女性にも「魅力的な名前」があるということがわかりました．同じ人の写真なのに，その人の名前が何と書かれていたかによって，その人の魅力度が変わってしまったというわけです．パーフォースの実験の結果は，母音と子音それぞれに，「魅力的に聞こえる音」があることを示しています．

　まず母音に関してですが，母音には，舌が前に出るタイプの「前舌母音」と後ろに下がるタイプの「後舌母音」があります．日本語

第1章 「マル」と「ミル」はどちらが大きい？

では前者が[i][e], 後者が[a][o][u]です. パーフォースの実験の結果では，英語の場合，男性の名前は「前舌母音の入った名前のほうがそうでない名前より魅力的だ」と判断されることがわかりました．たとえば，Ben や Rick のような名前のほうが Luke や Paul よりも魅力的に思われるということです．また，女性の場合は，「後舌母音が入っている名前のほうが魅力的に聞こえる」という結果となりました．Laura のほうが Jill より可愛いらしく聞こえるということですね．

またこの実験ではさらに，女性の名前に関しては，子音の影響もあることがわかりました．ここで，この子音の影響を理解していただくために，子音における大事な区別を紹介したいと思います．子音は，大きく「阻害音」と「共鳴音」とに分けられます．

　　阻害音　カ行(k), サ行(s), タ行(t), パ行(p), ハ行(h)
　　共鳴音　ナ行(n), マ行(m), ヤ行(y), ラ行(r), ワ行(w)

この区別は，音声学的に非常に重要なものですから，ぜひ頭の片隅に入れておいてください．今のところは，「日本語で濁点が付くものが阻害音」，「日本語で濁点が付かないものが共鳴音」と理解していただければ問題ありません．

パーフォースの実験では，"共鳴音入り"の名前の女性を魅力的だと思う人が多いことがわかりました．Melanie や Lara などが，典型的な魅力的な女性の名前だと判断されたということです．

ここで断っておきますが，パーフォースの実験では，名前の違いによって統計的な有意差が見られたことは確かですが，大きな差がでたわけではありませんでした．ですから，今これを読んでいる女

性のみなさんの中に，名前に共鳴音が使われていない人がいたとしても，嘆き悲しむ必要はありません．同じく，前舌母音が入っていない名前を持つ男性のみなさんも，心配することはありません．

　名前そのものの魅力を決める要因は音象徴以外にもいろいろありますし，そもそも人の魅力は名前だけに由来するものではありません．ですから，自分の名前に使われている音について，ご両親を責めないでくださいね．ちなみに，私の名前「繁人」には前舌母音が2つも（！）入っています．でも，これが私の魅力の全要因では決してないのです．

　さて，「マルマ」と「タケテ」の話に戻りましょう．先にあげた阻害音・共鳴音の区別を見ながら確認してみてください．「マルマ」の子音は，すべて共鳴音ですね．一方，「タケテ」の子音はすべて阻害音です．「（マルマの）丸い形」⟷「魅力的な女の子の名前」⟷「共鳴音」……こう考えてみると，何かつながりのようなものが見えてきませんか？　そうなのです，共鳴音は丸いイメージをもたらし，阻害音は角ばったイメージをもたらすのです．

　私たちの頭の中で「共鳴音＝丸いイメージ＝女性的」「阻害音＝角ばったイメージ＝男性的」という連想が働いていると言ってもいいでしょう．もちろん，「女性は丸くあるべきで，男性は角ばっているべきだ」などと言っているわけでは決してありません．ただ，そのような一般的なイメージの連想が働いている可能性もあるということです．

　ちなみに欧米では，「名前に使われている音がその物に与えるイメージ」に着目して，新商品の名前にどのような音を使ったらいいかが研究されています．「私たちの購買意欲は商品の名前によって左右されているかもしれない」と考えると，次に買い物に行った

表1-1 日本語で人気の名前に見られる共鳴音・阻害音の分布.

男の子の名前		女の子の名前	
共鳴音	37(35.6%)	共鳴音	72(67.3%)
阻害音	67(64.4%)	阻害音	35(32.7%)
合計	104	合計	107

きには,商品の名前ばかりが気になってしまうかもしれませんね.

「タ行」は男の子の音,「な行」は女の子の音?

 では,「阻害音=角ばったイメージ=男性的」「共鳴音=丸いイメージ=女性的」という連想は,英語だけでなく日本語にも当てはまるのか,検証してみましょう.表1-1は2011年に安田生命で発表された男の子と女の子それぞれの「人気トップ50」の名前に使われている子音を数えて,阻害音と共鳴音の割合を示したものです.

 予想通り,男の子の名前に使われている子音には阻害音が多く(64.4%),女の子の名前の場合は共鳴音が多い(67.3%)ことがわかりました.この結果から,日本語でも「阻害音=角ばったイメージ=男性的」「共鳴音=丸いイメージ=女性的」という音象徴パターンが存在すると言えるでしょう.

「タ行」は「ツンな」名前,「な行」は「萌な」名前?

 後ほど第5章でも取りあげますが,私はかつて秋葉原のメイドさんたちの声を音声学的に分析したことがありました.その際,調査の一環として,「阻害音=角ばったイメージ=男性的」「共鳴音=丸いイメージ=女性的」という音象徴パターンが,メイド名の選び方にどのように影響するのかを調査してみました.私が最初に立てた

仮説は,「メイドさんは,より女性的な音を好み,自分のメイド名には共鳴音を多く使用する」というものでした.そしてこの仮説を検証するために,秋葉原メイド喫茶の大手である「＠ほ～むカフェ」のウェブサイトに公表されているメイドさんの名前を分析してみたのです.

　ところが,実際に分析を行なったところ,私の予想は裏切られ,「メイドさんの名前に共鳴音が特に多く使われているということはない」という結果が出てしまいました.具体的に言うと,295個の子音中171個が共鳴音で,その割合は58％でした.安田生命の「人気のトップ50」の名前の分析結果より,共鳴音の割合が低く出てしまったわけです.実際この結果には大変がっかりしたのですが,さらに懲りずに秋葉原で調査を行なったところ,別の面白い事実が見えてきました.

　「なぜメイド名に共鳴音がそれほど多く使われていないのか」という疑問を解決するためにメイドさんたちに話を聞いてみたところ,メイドさんたちの中にもいろいろなタイプがあることがわかってきたのです.メイドさんたちの中には,可愛らしさを追求する「萌えタイプ」もいれば,ちょっとお姉さん的でクールでツンとした感じを追求する「ツンタイプ」もいたのです.

　みなさんはどう思われるかわかりませんが,これは私にとっては大発見でした.「なるほど！」ということで,私は,秋葉原で働く現役のメイドさん相手に,さらに以下のようなアンケート実験を行なってみました.共鳴音を使った名前(たとえば「ワマナ」)と阻害音を使った名前(たとえば「サタカ」)をメイド名として提示して,どちらが「萌えメイド」でどちらが「ツンメイド」の名前だと思うか選んでもらったのです.

実験の結果,「共鳴音が使われたメイド名＝萌えメイド」「阻害音が使われたメイド名＝ツンメイド」という相関が見つかりました. つまり, メイドさんの頭の中で「共鳴音＝萌え」という連想が起こり, それがメイド名の付け方に影響を及ぼしているかもしれないことがわかったのです.「阻害音＝ツン」ですから,「ツンメイド」を目指す人は, 阻害音を名前に使えばよいということになりますね.

一般的に,「メイド文化」というと, "キワモノ" あるいは何か "異質なもの" と捉えられることがあると思います. でも, いかがでしょうか？ 音声学の立場からメイド文化を分析すると, そこにはなんら異質ではない, むしろ人間言語の原則にかなったことばの世界が広がっています.

本当にツンツンしている「タ行」の音

ここまで「阻害音＝角ばったイメージ＝男性的＝ツン」「共鳴音＝丸いイメージ＝女性的＝萌え」という音象徴のパターンを見てきましたが, このような連想が起こる理由は, 阻害音と共鳴音を発音する際の空気の振動の仕方の違い, つまり音響の違いを見ると理解できます. たとえば, 阻害音「た」と共鳴音「な」を, 音響音声学の手法を使って見てみましょう. 図1-7は, 日本語の「た」と「な」を音響分析した結果を示しています.

この図は, 時間軸に沿って, 空気圧の変化を表しています. このように音響的に見てみると,「た」という音はトゲトゲしていて本当に "ツンツン" しています. また「な」という音は,「た」に比べると丸みを帯びていますね. ここで, 図1-6の「タケテ」と「マルマ」の形を思い出してください.「た」の音響的な形は「タケテ」の図に,「な」の音響的な形は「マルマ」の図に似ていませんか？

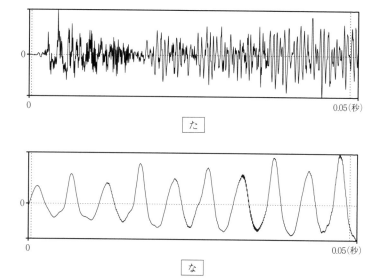

図 1-7 「た」と「な」の音響分析(波形). ツンツンしている「た」, 丸みを帯びた「な」.

図 1-7 が示すように,「音響的な形」がイメージとなって,私たちの名前づけに影響を与えている可能性があることがわかるでしょう.

《まとめ》

　この章では,音声学の入門として,具体的な音象徴パターンをいくつか見てきました. 入門の入門として,基礎的なことを簡単に話してきましたので,「もう一歩深く考えたい」「もっと詳しく説明してほしい」と思った人もいるかもしれません. これから先の章では,そんな要望にお応えすべく,これまで見てきた概念をさらに科学的に探求する方法を見ていくことにします.

第2章 「あかさたな」とサンスクリット研究
―― 音声学のはじまり

　みなさん，五十音図はご存じですね？　あれはただ"たまたま"あのような順番で並べられたのでしょうか．それとも何か規則性があってあの並びになっているのでしょうか．

　こういう聞き方をすると答えはわかってしまうかもしれませんが，五十音図には，実はとても美しい規則性が潜んでいます．この章では，みなさんと一緒にその規則性を紐解いていくことにしましょう．その謎解きをしていく過程で，なんと音声学の基礎原理が理解できてしまいます．それでは，さっそく五十音図の謎の世界に足を踏み入れてみましょう．

音声学の始まり――五十音図の起源は紀元前4世紀！

　驚くべきことに，五十音図の起源は，なんと紀元前4世紀にまでさかのぼると言われています．紀元前4世紀のパーニニ (Panini) という文法学者は，サンスクリット語の音声や文法全般の記述を多く手がけたとされています．彼は特に，サンスクリット語の発音のルールに関して，かなり詳細な記録を残しています．サンスクリット語の経典の読み方を，誰にでもわかるように体系的に記述したのも，パーニニです．このパーニニの研究は，悉曇学と呼ばれる中国の梵字の研究を経由して日本に伝わりました．これが五十音図の成立に影響したという説があります．

普段は何気なく使っている五十音図ですが，音声学的に考えると，立派な法則によって並べられていることがわかります．そこで，五十音図の謎に迫るために，まずは音声学の基本となる「調音点」と「調音法」を見ていくことにしましょう．「調音」というのは「発音」の専門的な言い方です．「調音＝発音」と理解してもらえれば結構です．

　この章では，まず「子音」に注目し，それから「母音」の説明に移ろうと思います．ですが，その前に，ここで取りあげる「子音」の意味について少し説明させてください．日本語では，子音と母音がセットになって1つの文字が作られています．たとえば「か[ka]」は，[k]という子音と[a]という母音でできています．でも，この章では便宜上，「あ行」を「母音」とし，その他の行を「子音」と呼ぶことにします．つまり「「か」の子音」とか「「か」の音」という場合，それは[k]を意味します．

調音点と調音法

　ではまず，子音について考えてみましょう．私たちが子音を発音するときには，口のどこかで「狭め（または閉じ）」が起きています．この狭め（閉じ）の起きている場所を「調音点」と言います．ためしに，「ぱ，た，ぱ，た，ぱ，た」と繰り返し発音してみてください．「ぱ」のときは両唇が閉じますね．これに対して「た」の発音をするときはどうでしょうか．舌が口の天井（口蓋）にくっついているのが感じられましたか？　正確には，上の歯の根元か，それよりちょっと後ろのほうに舌先が持ち上がってくっついていると言ったほうがいいかもしれません．

　調音点でいうと，「ぱ」は両方の唇が閉じるので「両唇音」，「た」

は舌が歯茎(歯の根元)にくっつくので歯茎音と言われます(歯茎を「はぐき」と読まないようにしてくださいね!)．次に「た，か，た，か，た，か」と繰り返してみましょう．「か」と発音するときのほうが「た」を発音するときより，口の奥のほうが使われているのがわかりますか？

　今度は，「か，さ，た，な，ぱ，ま，や，ら，わ」を発音してみて，口のどこの部分が動いているか感じてみましょう．「は」が「ぱ」になっていますが，これは間違いではありません．気になると思いますが，これについては少し後で説明します．

　読み進む前に，みなさん，必ず実際に発音して考えてみてください．私が大学で音声学を教えるときには，学生たちにただ音声学の概念を教えるのではなく，学生自らが自分で実際に感じて理解することができるように，ということを常に意識しています．ですから，本書を読んでいるみなさんにも，「自分の口のどこの部分が動いているか」実感していただきたいと思います．そうでないと，プロローグに出てきた先輩が言っていたように，音声学はただ「覚えることが面倒くさい」学問となってしまうからです．実際，自分で発音すれば答えが実感できますし，自分で考えたほうが，ただ単純に読み進めるよりも深い理解が得られると思います．

　さて，実際に発音してみて，どうでしたか？　おそらく，いくつかの発音では，口の中の同じ場所が使われていると感じた人がいるのではないでしょうか．たとえば，「ぱ，ま，ぱ，ま」と言うと，どちらの音を発音するときも両唇が閉じます．そうなのです．同じ調音点を持つ音が複数個存在することは稀ではありません．言い方を変えると，調音点だけでは音のすべてを分類することはできないのです．表2-1に，日本語の音を調音点別に簡単にまとめました．

表 2-1 調音点のまとめ.

両唇	ぱ行(p), ま行(m), わ行(w)
歯茎	た行(t), な行(n), さ行(s), ら行(r)
硬口蓋	や行(y)
軟口蓋	か行(k)

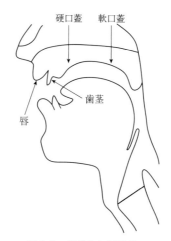

図 2-1 代表的な調音点.

図 2-1 で示してある調音点の位置を参照しながら,自分の発音を確認してみましょう.

　繰り返しになりますが,両方の唇を使う音は「両唇音」,舌先が上の歯の根っこの部分に近づく音は「歯茎音」です.口腔の天井を口蓋といいますが,この口蓋を舌でなぞってみると,前側に硬い部分,後ろ側に柔らかい部分があることがわかります.図 2-1 に示しているように,「や」はこの硬い部分が使われるので「硬口蓋音」,「か」は柔らかい部分が使われるので「軟口蓋音」といいます.それぞれの音を実際に発音して,なんとなくでいいので感覚をつかん

でおいてください．

　では，調音法に話を移しましょう．調音法とは，調音器官(舌や唇)による，口腔の狭め(閉じ)の度合いのことです．この調音法によった場合,「た」と「さ」の区別はどうやってつけられるのでしょうか．調音点が微妙に違う話者もいるかもしれませんが，大まかに言えば,「た」と「さ」はどちらも歯茎音です．この2つの音の大きな違いはどこにあるかというと，それは空気の流れ方にあります．「た」という音を発音しようとした状態で止めてみてください．口の中で空気が完全に止まっているように感じませんか？　そして，そのまま「た」を発音すると，口が開くと同時に破裂したような音が出ます．この「た」のような音を「破裂音」といいます．また空気の流れが完全に止まるので,「た」は「閉鎖音」とも呼ばれます．「た」の濁音の「だ」も，空気の流れが口の中で止まるので「閉鎖音」です．

　それに対して,「さ」の場合，空気の流れは止まりません.「さ」を発音するときは，舌で空気の流れが強く妨害されはするものの，舌と歯茎の間に非常に小さな隙間が開いているため，口の中で乱気流が発生します．ホースで植物に水をやるときのことを思い浮かべてください．水を遠くに飛ばすためには，ホースの先を潰しますよね．そうすると水が勢いよく飛び出します.「さ」の発音のときには，それと似たようなことが口の中で起こっているのです.「しゃ」の発音のときも同様です．このようにしてできる音を「摩擦音」といいます．ちなみに，新生児は摩擦音を聞くと泣きやむことがありますが，これは子宮にいるときに聞こえる音が摩擦音に近いからでしょう．

　では,「な」はどうでしょうか.「な」の発音のときには，鼻から

表 2-2 調音法のまとめ(妨害の度合い順).

大 ↓ 小	閉鎖音	ぱ行(p),た行(t),か行(k)	┐
	摩擦音	さ行(s),しゃ行(sh)	┘……阻害音
	鼻音	ま行(m),な行(n)	┐
	接近音	ら行(r),や行(y),わ行(w)	┘……共鳴音

空気が流れます.口と鼻をつなぐ弁は普段は閉じているのですが,「な」の場合,この弁が開いて鼻から空気が流れます.ためしに鼻を指でつまんで,「な,に,ぬ,ね,の」と発音してみましょう.おそらくなんだか変な"鼻詰まりの音"になってしまうと思います.でも,「た,ち,つ,て,と」を鼻をつまんで発音してみるとどうでしょうか.何の違いも感じられませんね.この「な」や「ま」のように鼻から空気が流れる音は「鼻音(びおん)」といい,日本語では「な」と「ま」に加えて「ん」がそれにあたります.ためしに,鼻をつまんで,これらの音を出してみましょう.簡単に言うと,鼻をつまむと正しく発音できなくなってしまう音が鼻音です.

　残りの日本語の子音は,「や,わ,ら」です.これらの音は他の音に比べて狭めの度合いが弱いので,「接近音」と呼ばれています.

　さて,一度にたくさん説明しましたので,ここで調音法をまとめてみましょう.表2-2では,上から下に向かって,空気の流れの妨害の度合いが小さくなるように並べてあります.鼻音は,口は完全に閉じるものの,鼻から空気が流れているので,全体としての妨害の度合いは摩擦音よりも小さくなります.また,表2-2を見ると,第1章で触れた阻害音と共鳴音の違いもはっきりします.空気の阻害が大きい2つの種類の音(閉鎖音と摩擦音)が阻害音で,阻害が小さい2つの種類の音(鼻音と接近音)が共鳴音です.

第2章 「あかさたな」とサンスクリット研究　27

　最後に，濁音のことを忘れてはなりません．濁音というのは，「声帯振動を伴って発音される閉鎖音と摩擦音」のことです．声帯振動を伴う閉鎖音は「ば，だ，が」で，声帯振動を伴う摩擦音は「ざ」です．阻害音しか濁音になれないのも面白いですね．

「ひよこがぴよこ」で「母がパパ」?

　さてここで，先ほど説明しなかった「は行」についてお話ししましょう．これは単純に1つのお話としても面白いのですが，五十音図の謎を解くためには欠かせない話です．実は，昔の日本語では，「は」の音が「ぱ」と発音されていたことを，みなさんは知っていましたか？　ちょっと考えてみてください．「ひよこ」は「ぴよぴよ」と泣きますし，「光る」様子は「ぴかぴか」と言いますよね．また「ふるえる」様子は「ぷるぷる」と表します．これはその昔，現在の「は行」が「ぱ行」だったからなのです！

　「ぴよこ」だから「ぴよぴよ」と鳴くのか，「ぴよぴよ」と鳴いていたから「ぴよこ」だったのか，その順序はわかりませんが，いずれにせよ，「は行」の音が「ぱ行」の音であったことは，様々な研究の結果，明らかになっています．でも「ぴよこ」が「ひよこ」に変わる一方，擬声語や擬態語ではこの変化が起きず，「ぴよぴよ」は「ひよひよ」にならず「ぴよぴよ」のまま残っているのです．

　この「「は＝ぱ」であった」という説を裏付けるものとして，昔のなぞなぞに，「母には二度会いたれども　父には一度も会わず」というものがあります．世のお父さんを悲しませる歌にも聞こえますが，これは父親差別を詠ったものではありません！　このなぞなぞの答えは，「唇」です．昔々，「はは」は「ぱぱ」と発音されていました(母がパパだったわけです)．ためしに「ぱぱ」と発音してみ

てください。唇が2回完全に閉じますね。ですから「母には二度会いたれども」となります。一方、「ちち」と言ってみるとどうでしょう。唇は閉じませんね。そこで「父親には一度も会えず」となるわけです。これをもし現在の読み方で「ははには二度……」と読んでしまうと、このなぞなぞは成り立ちません。ですから、このなぞなぞは昔の人たちが「母」を「ぱぱ」と発音していたことを裏付けていると言えます。

また、アイヌ語には日本語から借用された単語が珍しくありませんが、アイヌ語では「ぱ→は」の変化が起こらなかったため、「ぱ」行の発音が残っています。たとえば、「ぴかり（光）」は現在の日本語では「ひかり」になっていますが、アイヌ語では「ぺけれ」と言い、「ぱ」行の音が残っています。

五十音図に隠された規則性

再び五十音図の話に戻ります。今まで学んだことをベースに、五十音図についてもう一度考えてみましょう。「は＝ぱ」として考えると、五十音の横の並びは、以下のようになります（母音の「あ行」については、後ほど触れます）。

わ　　ら　　や　　ま　　ぱ　　な　　た　　さ　　か

ここで調音法の解説を思い出していただきたいのですが、「わ、ら、や」はすべて、調音器官による口の狭めが小さい「接近音」というものでした。調音法の観点から見ると、五十音の横の並びは、きれいに2つのグループに分かれます。

<u>調音法で分ける</u>

わ ら や	ま ぱ な た さ か
接近音	鼻音, 摩擦音, 破裂音

次にそれぞれのグループ内の並び方を,詳しく見てみましょう.「ま,ぱ,な,た,さ,か」を調音点を意識して発音してみてください.

<u>調音点で分ける</u>

調音点でまとまっていて,しかも左から右に行くにつれ,口の後ろのほうで発音するようになっていることがわかります.さらには,同じ調音点の音のグループの中では,鼻音が左にきています.

同じように,接近音のグループも,「わ,ら,や」の順番で調音点を意識して発音してみてください.やはり調音点が前から後ろに移動しているのがわかりましたか?

<u>調音点で分ける</u>

このように五十音図は,調音法→調音点の順番で規則的に並んで

おり，ただ適当に並んでいるわけではないのです．ここまで綺麗な規則性が五十音図の中に潜んでいるというのは，驚きではありませんか？

日本語のラッパーは音声学者？——日本語ラップの韻の分析

ここまで説明してきたように，音声は子音に関して言えば，「調音点」（口のどこで発音するか）と「調音法」（どのように発音するか），それに加えて「清濁」（声帯が振動するかどうか）で特徴づけることが可能です．しかし，私は大学で言語学に初めて足を踏み入れたころ，「本当にこんな概念が必要なのか？」と納得できずにいました．

読者のみなさんには15年前の私と同じ思いをさせたくはありません．そこで，この概念の有用性をお知らせするために，ここでちょっと日本語のラップの話をしたいと思います．唐突に思われるかもしれませんが，日本語のラップの韻は，研究対象としては意外に面白いものなのです．

ラップ好きの人はよく知っていると思いますが，日本語のラップには，「行末の最後の母音を最低2つ合わせること」「子音は無視してよい」という2つのルールが一般的に見られます．1つ例をあげてみましょう．下線は，韻を踏んでいる部分を示しています．

1　男なら　働け(hatarake)
2　空に　羽ばたけ(habatake)
3　そして手に入れようぜ　札束(satsutaba)
4　貫き通せ　夢があるなら(arunara)
　　　（KOHEI JAPAN; GO TO WORK）

1-2の行は，hatarakeとhabatakeが韻を踏んでいて，母音を見ると[a][a][a][e]でそろっており，3-4の行は母音が[a][u][a][a]でそろっています．一方，例えば，1-2の行の2番目の子音は[t]と[b]ですから，子音は必ずしも一致していません．しかし，アメリカで一時期日本語のラップばかり聞いていた私は，あるときふと，「どうも音声的に似た子音がペアにされることが多い」ことに気づきました．次の例を見てください．

1　蹴っとばせ　**蹴っとばせ**(kettobase)
2　蹴っとばした金で　**ゲットマネー**(gettomane)
　　　（DJ HASEBE feat. Mummy-D & Zeebra; Mastermind）

1行目と2行目の対応する子音のペアに注目すると，[k]-[g]，[tt]-[tt]，[b]-[m]，[s]-[n]となっています．復習も兼ねて調音点を確認してみると，どうでしょう．すべてのペアで調音点が一致しているではありませんか！　もちろん，この1例だけでどうこう言えるほど学問の世界は甘くありません．

ですから，私が2007年に出版した論文では，たくさんのラップの韻の子音のペアを集めて，「調音点」や「調音法」などが日本語の韻の形成に多大な影響を与えていることを統計的に示しています．気になる人は，日本語のラップを1曲選んで，その韻を音声的に分析してみてください．実は日本語のダジャレでも同じような分析が可能です．しかし，この話についてはまた別の機会に譲ることにいたします．

ちなみに，この「音声的に似ている音が韻のペアになりやすい」というのは，日本語のラップに限ったことではありません．英語の

伝統的な韻の手法では，母音とその後に続く子音が完全に一致するのが普通です．でも，ラップだと，同じ子音でなくても「似た子音」であれば韻として使われてしまうことがあります．英語のラップの元祖ともいわれる曲にも，音声的に似た子音のペアでできた韻がみられます．

> You don't st<u>op</u>
> Rock the rhythm that will make your body <u>rock</u>
> (Suger Hill Gang; Rapper's Delight)

stop の [op] の部分と rock の [ok] の部分で韻を踏んでいますね．この韻のペアでは母音は一緒ですが，子音は微妙に異なっています．それでも，[p] も [k] もどちらも無声閉鎖音で，違っているのは調音点だけです．このように，調音点や調音法という観点から見ると，ラップの歌詞にも，規則性が見出されるのです．

「あいうえお」にも意味がある

さて，今までは五十音の子音の違いについて考えてきました．次に，母音について考えてみましょう．日本語の母音は比較的簡単です．まず，「あ，い，あ，い，あ，い」と発音しながら，自分の口がどう動くか観察してみてください．もし可能であれば，舌の上に棒のついた飴を乗せて，棒を口の外に出しながら発音してみてください．飴が手元にない人はビデオを参照してみてください．ビデオ 2-1

「あ」のときに顎が開いて，「い」のときに顎が閉まりませんか？顎の開き方と舌の位置は連動しますから，同時に舌の位置も「あ」

のときに低くなり,「い」のときに高くなります. そのため「い」は「高母音」と呼ばれたり「狭母音」と呼ばれたりします. 逆に「あ」は「低母音」, あるいは「広母音」と呼ばれます.

　では今度は,「あ, え, い, あ, え, い」と繰り返してみましょう.「え」の舌の位置はどこにありますか？ 「あ」と「い」の中間にありますね. ビデオ 2-2

　ちなみに, 江戸っ子ことばでは「痛い」が「いてー」と発音されるなど,「あい」が「えー」となりますが, これも「え」が文字通り「あ」と「い」の中間にあることを示しています. ですから,「え」は「中母音」と呼ばれ,「お」も「あ」と「う」の間にあるので,「中母音」となります. また「逢瀬」と書いて「おおせ」と読みますが, これは「あうせ」の「あう」の部分が中間地点である「おお」に融合してしまった結果です. まとめますと, 母音間の違いの１つは, 舌の高さということになります.「あ」が低母音,「え, お」が中母音,「い, う」が高母音です.

　次に,「い」と「う」の違いはどうでしょうか. 舌の位置に注目してみてください.「い」のときには唇が広がって, 舌が前に出てきませんか？ それに対して「う」では, 舌が後ろに下がって, 唇が少し丸まります. ビデオ 2-3 ですから,「い」は「前舌母音」,「う」は「後舌母音」と言われます. 同様に分類すると,「え」は「前舌母音」,「お」と「あ」は「後舌母音」になります. まとめると, 表2-3のようになります.

　こうしてみると,「あいうえお」も, 規則性をもって並んでいることがわかりますね.「低母音(あ)→高母音(い, う)→中母音(え, お)」と並び, 同じ高さの母音内では,「前舌母音→後舌母音」の順に並んでいるのです.

表2-3　母音の分類.

	前舌母音	後舌母音
高母音	い	う
中母音	え	お
低母音		あ

顔文字の発明者は音声学者？

　子音の分類法がラップの韻のパターンを説明できるように，母音の分類法に関しても，面白い例があります．図2-2の顔文字を見てください．

　「おやすみ」と言っている，顔文字の口の形に注目してみてください．それぞれの口の形が「お」「あ」「う」「い」の母音を表しています．「お」と「あ」の顔文字の口の形を比べると「あ」のほうが口が開いています．これは母音の発音の仕方を的確に表しています．また，「う」は「お」よりさらに小さくなっています．これもまた母音の特徴を的確に表しています．最後に「い」ですが，先ほども触れたように，「い」と言うときには唇が横に広がります．顔文字の「みぃ」のところで使われている横線は，この口の形を見事に表しています．この顔文字の作者が誰かはわかりませんが，私は，その人はきっと音声学的感性のするどい人だったに違いないと確信しています！

お(￣o￣)や(￣O￣)す(￣｡￣)みぃ(￣-￣)ﾉ"

図2-2　顔文字の「おやすみ」.

《まとめ》

　この章では，子音と母音を分類する方法を学びました．子音は調音点・調音法・濁点の有無で分類でき，母音は舌の位置(高低と前後)で分類できます．私たちの使っている五十音図は，これらの概念をもとに並べられているのです．また，これらの特徴は，ラップの韻や日本語の顔文字のパターンにも深く影響を与えています．

第3章 世界中のことばを記録する方法
―― 記述音声学

　想像してみてください．もし，まったく未知の言語を話す人々とコミュニケーションをとらなければならなくなったら，みなさんはどうしますか？　現代では，そういう状況に置かれることはなかなかないかもしれません．でも少し前までは，そのような状況に置かれた人たちが大勢いました．キリスト教を新しい地域に広げるために聖書の翻訳を行なった宣教師たちです．聖書の翻訳をするためには，宣教に行った土地の未知の言語を一から知る必要がありました．そのためにまず初めに行なわなければならなかったのが，音声の分析でした．

　17世紀初頭には，ジョアン・ロドリゲスというポルトガル人の宣教師が当時の日本語の記述を行なっており，これは当時の日本語を知る貴重な資料となっています．このような伝統は今日，キリスト教の布教を離れて，音声の記述という学問として定着しています（もちろん，宣教師として音声記述を行なっている人たちは今でもいます）．本章では，古の宣教師たちと共に，未知の言語を開拓する気分を味わってみましょう．

世界のすべての音を記録する国際音声記号

　第2章では，調音点・調音法・声帯振動の有無によって音を分類する方法を概観しました．そこでは，みなさんがすでに知っている

アルファベットで表すことができる音を中心に解説しましたが，世界のすべての言語の音がアルファベットで表されるわけではありません．また音声記述を行なおうとすると，アルファベットではいくつかの問題がでてきます．たとえば，アルファベットを用いて表される英単語では，同じ音でも別の文字で表される場合が少なくありません．[s]の音はsunのように，たいてい「s」で書きますが，centerのように「c」で書く場合もあります．また「c」という文字は[s]の他にも，picnicのように[k]の音を表す場合があります．

　文学者・戯曲家のバーナード・ショーは，この英語のスペリングの不規則性を皮肉って，「ghotiと書いてfishと読める」と言っています．「gh」はenoughの最後のように[f]，「o」はwomenの「o」のように[i]，「ti」はnationの真ん中のように[sh(ʃ)]と読める，というわけです．この例は極端ですが，とにかく，英語のアルファベットは厳密に音声を書き取るためには使えません．よって，音声を記述するためには，専用の記号が必要になってきます．

　では，アルファベットで表すことのできない音には，具体的にどのようなものがあるのでしょうか．たとえば，日本語の「ふ」という子音ですが，これを発音するときには両方の唇が丸まりますよね．これは，上の歯が下唇にあたる英語の[f]とは異なります．かといって[h]は日本語の「ふ」のように唇が丸まらないので，「ふ」は[h]で表すこともできません．そこで，日本語の「ふ」の音を正確に表すためには，[ɸ]という，いわゆる発音記号と呼ばれるものが使われます．この発音記号はローマ字と混同しないように[ ]を使って表記することになっています．

　実はこの発音記号には，国際規格があります．「国際音声記号」(International Phonetic Alphabet)と呼ばれるもので,略称は「IPA」

	Bilabial	Labiodental	Dental	Alveolar	Postalveolar	Retroflex	Palatal	Velar	Uvular
Plosive	p b			t d		ʈ ɖ	c ɟ	k g	q ɢ
Nasal	m	ɱ		n		ɳ	ɲ	ŋ	ɴ
Trill	ʙ			r					ʀ
Tap or Flap		ⱱ		ɾ		ɽ			
Fricative	ɸ β	f v	θ ð	s z	ʃ ʒ	ʂ ʐ	ç ʝ	x ɣ	χ ʁ

図 3-1 IPA の子音のリスト（一部抜粋）．最新の 2005 年版．

です．この IPA は，国際音声学会という機関が管理しています．既に定義されている記号だけでは表すことができない音が見つかることもあるので，IPA はたまに更新されます．図 3-1 は，2015 年の時点での最新版の IPA の子音の表の一部です．横軸が調音点で，縦軸が調音法です．また，同じセルに 2 つの音が並んでいる場合，左が声帯振動を伴わない音を，右が声帯振動を伴う音を表します．

見慣れない記号も多いと思いますが，日本語に出てくる音ももちろんこの表にすべて含まれています．先ほど述べた通り，「ふ」は [ɸ] で表されています（図 3-1 の左下）．上から 2 番の Nasal（鼻音）と書かれている列をみてみましょう．[m] や [n] などは，みなさんにも馴染みがある音だと思いますが，実は [ɲ] や [ŋ] で表されている音も，私たちが日常で使っている音を表しています．たとえば，Palatal（硬口蓋）の行にある [ɲ] は，ナ行に拗音がついた音（にゃ，にゅ，にょ）で，Velar（軟口蓋）の [ŋ] は「鼻濁音」（語中のガ行の音が鼻に抜ける音に変化する音）です．

ちなみに日本語の「ん」は，その次にくる音によって発音が変化します．ためしに，「ワンタン麺館（わんたんめんかん）」と（ゆっくり，でも普通に！）発音してみてください．初めの「ん」は [n] で，次の「ん」は [m]，次の「ん」は [ŋ]，最後の「ん」は [ɴ] で表され

ます．IPA を使うと，このような細かい違いのある発音を書き取ることができるのです．ワンタン麺館は[wantammeŋkaɴ]となり，「ん」の発音の違いを正確に表すことができます．

　では，他の言語で使われる音も少し見てみましょう．英語の「th」の音は，thick などのように無声で発音される場合は[θ]，this のように有声で発音される場合は[ð]で表します．フランス語で使われる特徴的な「r」の音は[ʀ]を使います．ドイツ語の Bach（バッハ）という単語の最後に現れる子音は[x]です．フランス語やドイツ語を勉強していない人にはよくわからないかもしれませんが，それでも，IPA を知っていると外国語の発音を正確に理解することができるということはおわかりいただけると思います．

　さて，この IPA ですが，創設された目的は，「世界のあらゆる言語・方言を記述すること」でした．IPA の元となったのは，イギリス人のアレキサンダー・メルビル・ベルによる発音記号です．ベルという名前からひらめいた人もいるでしょう．このアレキサンダー・メルビル・ベルは，電話を発明した，あのアレキサンダー・グラハム・ベルのお父さんです．この人はとても優秀な音声学者で，独自の発音記号を生み出しました．今でこそ彼の考案したシステムは IPA にとって代わられてしまいましたが，当時，彼の発音記号が画期的なものであったことは間違いありません．

『マイ・フェア・レディ』と音声学の意外なつながり

　ところで，みなさんは『マイ・フェア・レディ』(1964 年)という映画をご存知でしょうか？　原作はバーナード・ショーの『ピグマリオン』という小説ですが，オードリー・ヘップバーン主演の映画として有名になったものです．下町で育った花売り娘のイライザを

第3章　世界中のことばを記録する方法　41

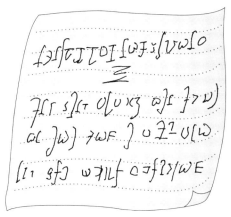

図 3-2　映画『マイ・フェア・レディ』に登場するヒギンズ教授のノートの写しのイメージ．使われているのは，IPA ではなくアレキサンダー・ベルによって考案された発音記号．

言語学者であるヒギンズ教授が上流階級で通用する女性に育て上げる，というストーリーの映画です．

　映画の中でイライザとヒギンズ教授が初めて出会うシーンは，音声学者にとっては非常に印象深いものです．みなさんにもぜひ実際に映画を見てもらいたいのですが，イライザはとても強い下町訛りを持っていました．その方言に興味を持ったヒギンズ教授は，イライザの発音を自分のノートに発音記号を使って書き取りはじめるのですが（図 3-2），何をされているのかさっぱりわからないイライザは，「ちょっと何してんの！　それ見せなさいよ」とヒギンズ教授にくってかかります．

　しかし，ヒギンズ教授のノートには図 3-2 のような妙な記号が並んでいるだけです．イライザは，「何よこれ．読めないわ！」とさ

らに怒ってしまいます．それに対してヒギンズ教授は「読めるさ」と言って，イライザの発音を真似します．一度発音記号で書き取ってしまえば，再び読み直すのはプロの音声学者には朝飯前なのです．ちなみに，その後映画の中で，ヒギンズ教授は周りにいる人たちの出身地を彼らの訛りから正確に当てていきますが，こちらのシーンはちょっと現実的ではない気がします．

　物語が進むと，ヒギンズ教授はイライザの発音指導に移ります．たとえば，イライザは[h]の音が発音できませんでした．これも一度映画を見て確認してみてほしいのですが，イライザが発音するhurricane（ハリケーン）は'arricane（アリケーン）に聞こえてしまうのです．そこでヒギンズ教授は，イライザが[h]の発音ができるように訓練します．

　このように，『マイ・フェア・レディ』には音声学的に細かい描写がたくさん出てくるのですが，実はこの映画の演技指導には，世界的に有名な音声学者が協力していました．彼の名前はピーター・ラディフォギッドといい，演技指導だけではなく，ヒギンズ教授の実験室のセッティングのアドバイスも行ない，ヒギンズ教授が母音の発音を披露する場面では，実際にはこのラディフォギッドが発音していました．

　念のために言っておきますが，ラディフォギッドは映画の演出家ではありません．彼は近代音声学の礎を築いた１人であり，IPAによる様々な言語の詳細な記述はもとより，音声学の普及にも努めた人です．この人は，私の指導教授の指導教授の指導教授であり，私の学問上の"ひいお爺様"にあたります．残念なことに2006年に亡くなられたのですが，私は幸運にも一度，生前のラディフォギッドに会うことができました．せっかくの機会だったので，『マ

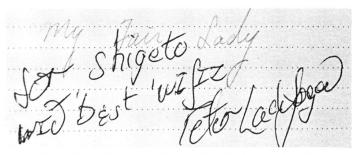

図 3-3 IPA で書かれたラディフォギッドからのメッセージ．「With best wishes」の部分が IPA で書かれている．

イ・フェア・レディ』のビデオテープにサインをお願いしたら，喜んで IPA でメッセージを書いてくれました(図3-3)．当時はまだ学生だった私にとって，それはとても感動的な出来事で，そのビデオテープは音声学者のはしくれとなった今でも，大切な宝物としてとってあります．

アフリカの奥地からアマゾンの奥地まで

ラディフォギッドは奥様と結婚するとき，「僕と結婚したら，世界中のすべての大陸を旅することになるよ」と言ったそうです．そして実際に，彼は世界中を旅して，西アフリカの言語やアメリカ先住民の言語など様々な言語の記述を行ないました．

また，世界中の国々に赴いて IPA による言語の記述を行なっている研究者は，ラディフォギッドの他にも大勢います．現在，調査が盛んなのは，アフリカ，中南米，アマゾンで話されている言語，アメリカの原住民の言語などです．また，50 余りの少数民族がいる中国では，有名な 4 大方言(北京・上海・福建・広東語)に加えて，多くの言語が少数民族によって話されていますが，それらの記述も

盛んに行なわれています．

　言語の記述を行なう音声学者たちは，調査にあたり，まず現地の人たちと仲良くなることから始めなければなりません．現地の人たちの生活に溶け込みながら，その言語の音声の記述を行なうわけです．しかし，この「溶け込む」という作業は，口で言うほど簡単なことではありません．ある音声学者がアメリカの先住民族の言語を調査した際には，彼らが言語を神からの授かりものとして神聖視していたため，簡単には録音をさせてもらえなかったということがあったそうです．確かに，音声学者が私たちのところにある日急にやって来て，なんの説明もなく「あなたのことばを録音します」と言ってきたらどうでしょうか．良い気持ちがしないのは当然のことですね．

　音声学者たちは，1つの言語の記述が終わると，その結果を国際音声学会に提出します．結果報告の仕上げには，イソップ物語の『北風と太陽』を調査した言語で記述し，さらにそれを IPA で書き下ろし，実際の音声と一緒に提出します．提出された記述は，実際の音声に照らし合わされ，他の複数の音声学者たちによって審査されます．そしてその記述が正しいと認められると，「〇〇語の記述」として，国際音声学会の学術雑誌に掲載されます．1999年までに記述された様々な言語の音声特徴と『北風と太陽』は，ハンドブックにまとめられて出版されていますので，IPA が読めれば，みなさんもいろいろな言語で『北風と太陽』を読んでみることができます．また，このハンドブックには，日本語も含まれています．

舌打ちで話すことば，子音だけで話すことば

　これまでの数々の調査の結果，日本語や英語にはない音を使う言

語も見つかり，それらの言語の音の記述も進みました．たとえばアフリカで話されているコン語という言語には，子音の種類がたくさんあることがわかっています．分析方法によって異なるのですが，少なく見積もっても100種類以上はあるのではないかと言われています．

それだけでもびっくりですが，この言語では私たちが舌打ちするときに出る音が言語音として使われているのですから，さらにおどろきです．周りに人のいないことを確認してから，何度か「ちぇっちぇっちぇっ」と強めに舌打ちをしてみてください．実際に舌打ちしてみるとわかりますが，舌打ちをするときには，空気は口腔から外に出るのではなく，外から口腔の中に入ってきますね．このように発音される音が言語の音として使われるというのは，非常に珍しいことです．

さらに，モロッコで使われているベルベル語では，子音だけで作られた単語がたくさんあります．たとえば，「あなたはそれを乾かして，食べた」というのは[tsskʃftstttʃʃtstt]と言うそうです．母音がたくさん出てくる日本語を話す私たちには，いったいどうやって発音するのか，なかなか想像がつきませんね．幸い，友人のベルベル語話者が発音してくれたサンプルがありますので，是非聞いてみてください． 音声 3-1

ちなみに，日本語では母音だけで長い文章を作ることが可能です．たとえば，「大エイを上へおいおい追い合おう（おおえいおうええおいおいおいあおお）」などという文を作ることができます．これはこれで，世界的に珍しい言語と言えるかもしれません．

日本の方言学

記述音声学者による調査は，海外だけで行なわれているものではありません．実は日本には，各地の方言の記述を行なう音声学者がたくさんいて，北は北海道から南は沖縄まで，方言調査は盛んに行なわれています．特に沖縄の言語は，日本語の方言ではなく「琉球語」と呼ばれることもありますが，日本語にはまったく見られないような音や音の連鎖が出てくるので，その記述は大変な作業となります．

国内の方言の記述調査も，アフリカ奥地での調査同様，ただ録音すればいいという簡単なものではなく，その方言を話す人たちと親しくなるということが大前提となります．そんな労力をかけて音声学者たちが方言の記述を行なう背景には，方言を話す人が少なくなってきているということがあります．この"方言の消滅"は，明治政府が方言を禁止する政策をとったことが大きな原因だと思われますが，テレビなどのメディアの影響で東京方言がどこでも聞けるようになったということも影響しているでしょう．

そんな状況の中，方言の復興を目指して努力する言語学者の数は決して少なくありません．方言を残すためには，何より，若い人たちが方言を学ぶことが必要です．そのために最近では，方言で書かれた絵本やカルタなどの遊び道具を作って，子どもたちに積極的に方言を話させるなどの試みがなされています．

言語聴覚士にも必須の音声記号

IPAを使う職業といえば，音声学者があげられるのはもちろんですが，もう1つ大事な職業があります．それは「言語聴覚士」で

す．言語聴覚士は失語症や言語障害を持つ患者さんの治療やリハビリを行なう職業ですが，患者さんの声の特徴を書き取るためにもIPA が使われることがあります．

　私がアメリカで音声学を教えていたときも，言語聴覚士を志望する学生たちから「IPA による書き取りの訓練をしてほしい」と頼まれることがよくありました．実は，言語障害がある人の発音には，普通の発話に見られない特徴があるのですが，そのような特徴を書き取るためには，IPA の拡張版(ExtIPA)が使われます．たとえば，声帯が弱まって囁き声になってしまっているような音や，口蓋に亀裂が入ってしまった結果発せられる，意図しないような鼻音も，この拡張版には含まれています．

　この世界共通の記号のおかげで，お医者さんのカルテのように，担当の言語聴覚士が替わっても，引き継いだ言語聴覚士がその患者さんの発音を理解できるというわけです．IPA は世界共通ですので，どこの国の言語聴覚士でも利用できるのです．

《まとめ》

　近代人には，知らない言語に直面する機会が多くありました．そこで，未知の言語を理解するために，IPA という音声の記述の手法が発達したのです．この手法は今でも，医療の現場を含む世界の多くの現場で活用されています．

第4章 音を目で見る
──調音音声学

　第3章で取りあげた伝統的な記述音声学は，音の産出パターンをIPAで記述するものでした．この記述音声学は古くからある伝統的な方法で，今でも行なわれています．IPAを学べば，自分が自分の母語をどのように発音しているかを考え，記述することができますし，自分の母語でない言語の調査でも，耳のいい人なら自分の耳に聞こえている印象を頼りに記述することができます．しかし，近代科学の発展に伴ない，音声学の研究方法も大きく発展しました．ここから始まる第4〜6章では，科学技術を用いて音声を分析する音声学を紹介したいと思います．この第4章ではまず「調音音声学」についてお話ししましょう．

MRIで[r]と[l]の違いを目で見てみよう

　みなさんの中でMRIに入ったことがある人はいますでしょうか？　MRIは，主に医療で使われる機械で，体の断面図を撮影することができます．このMRIは，実は音声学の世界でも活用されています．発音をしている人の顔を横からMRIで録画すると，その舌や唇の動きをはっきりと視覚化することができるのです．たとえば，私たち日本人の多くには，英語の[r]と[l]の発音の違いがよくわかりません．でもMRIの技術を使えば，その違いがなんと"目に見えて"わかるようになるのです．

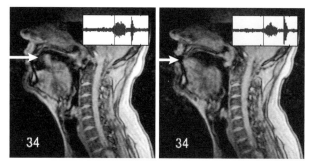

図 4-1 アメリカ人英語話者の[r](左)と[l](右). 左下の数字はビデオのフレームナンバー.

ではさっそく, MRIの画像をもとに, 日本人が苦手とする[r]と[l]の違いをじっくり観察してみましょう. ここでは, 日本のATRという研究機関とイェール大学のハスキンス研究所で撮影されたMRI動画をもとに話を進めていきたいと思います. よく「[r]は巻き舌で発音する」と言われますが, 実際に「舌が巻かれている」のを見たことがある人は少ないと思います. [r]の発音をするとき, 人の口の中はいったいどうなっているのでしょうか?

図 4-1(左)はアメリカ人男性が[r]を発音している様子を写したMRI画像です(実際の舌の動きはビデオで確認できます. ビデオ 4-1). この画像を見ると舌先が真上に上がっていることがわかりますね. もう少し細かく言うと, 舌は上の歯の根元よりちょっと奥に向かって上がっています. これがいわゆる「巻き舌」です. 一方, 図4-1(右)で示している[l]の発音では, 舌先が前のほうに押し出されていて, 上の歯にくっついている様子が見られます. ビデオ 4-2 耳で聞いてもよくわからない違いが, MRIではこのようにはっきり表れます.

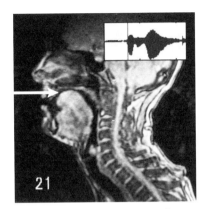

図 4-2 巻き舌でない[r]の発音.
ビデオ 4-3

あなたは「巻く」派? 「巻かない」派?

 みなさんの中にも,巻き舌がうまくできなくて悩んでいる人が少なくないと思いますが,ここでそんな人に嬉しいお知らせがあります.「[r]は別に巻き舌じゃなくてもよい」のです! 実は,すべての英語話者が巻き舌で[r]を発音するわけではないことが,MRIによる観察から明らかになっています.図4-2を見てください.これは,アメリカ人女性が[r]を発音したときのMRI画像です.先ほど見た男性のMRI画像と違って,舌先だけではなく舌全体が上に持ち上がっているのがわかるでしょうか.

 この画像を見ると,日本人が[r]を発音するときに,なにも無理をして巻き舌にする必要はないのだということがわかります.と同時に,「違った仕方で発音していて(つまり,巻いても巻かなくても),どうして同じ[r]として聞こえるのだろうか」という疑問が湧いてきます.気になる答えは,第5章の音響音声学の章で考えるこ

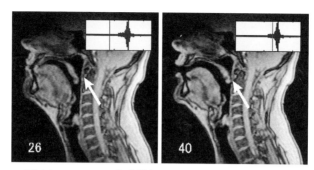

図 4-3 measure の[m](左)と，続く母音[e](右)発音時のMRI画像.

とにしましょう．

"鼻にかかった音"はどんな音？

　ここで思い出していただきたいのですが，第2章で，「[n]や[m]の音は鼻から空気が抜ける」という話をしました．鼻と口をつなぐ弁は普段は閉じているのですが，[n]や[m]の発音をするときには，この弁が開いて空気が流れるのでしたね．この弁が開閉する仕組みも，MRIを使うと目で見ることができます．図4-3は，英語話者がmeasureという単語を発音したときの[m]の部分と，それに続く母音の[e]の発音の様子を抜き出したものです．ビデオ 4-4　図4-3(左)では矢印で記したように鼻と口をつなぐ通路が開いているのに対して，右図では通路が完全に閉まっています．

MRIで日本語の母音をチェック！

　第2章では，母音を舌の高さと前後の位置で区別する手法を学びましたが，そこでは日本語の5つの母音は，表4-1のように分類さ

表 4-1 日本語の「あいうえお」(再掲).

	前舌母音	後舌母音
高母音	い	う
中母音	え	お
低母音		あ

れていました.

 ここでは,図 4-4 の MRI 画像をみながら,母音の舌の位置の違いを見てみましょう.図 4-4 は「あ,い,う,え,お」発音時の MRI 画像を,表 4-1 と同じ並びになるように並べたものです.まず,後舌母音の「う,お,あ」に注目してください.「う,お,あ」の順番で,舌が下がっているのがわかるでしょうか.高母音・中母音・低母音の区別が,実際の舌の高さの違いによって確認できます.

 次に,「い」と「う」,「え」と「お」を比較することで,前舌母音と後舌母音の違いを確認してみましょう.前舌母音では,舌の盛り上がっている部分が後舌母音に比べて前のほうに位置していますね.このように,MRI 画像を使うと,従来の舌の高さや位置による母音の区別も,この目でしっかりと確かめることができます.

舌の動きはエコー検査で!

 みなさんは「エコー検査(超音波検査)」と聞いたら,一番先に何が頭に思い浮かびますか? お母さんのお腹の中にいる胎児の検査を思い浮かべる人が多いのではないでしょうか.しかし最近では,このエコー検査を「舌の動き」の観察にも使うことが増えてきています.

 実際,MRI のほうがきれいな画像が撮れるのですが,MRI の機械は大きくて,機械自体を移動することがなかなかできません.ま

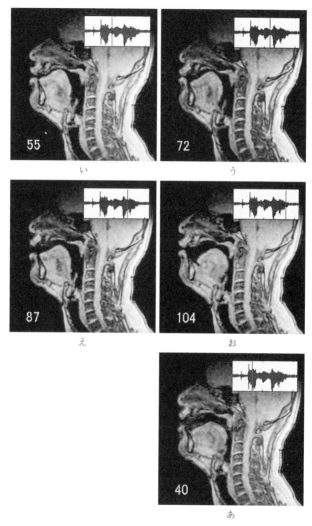

図4-4 日本語の「あいうえお」発音時のMRI画像．
『音声を教える』(ひつじ書房)の付属CD-ROMより転載．

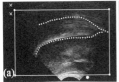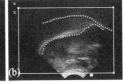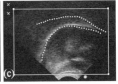

図 4-5 ツォンガ語の摩擦音の調音のエコー分析．上の点線が口蓋，下の点線が舌の形．左方向が口の奥，右方向が口の前．Lee-Kim 他（2014）に基づく． ビデオ 4-5

た，普通 MRI を持っているのは大きな病院で，言語学の研究所に MRI があるということは稀です．それに MRI 検査では，対象者が体を横たえて検査を受けなければなりません．でも，上体が起きているときと横になっているときとでは，発音自体が異なってしまうことがあります．しかも，MRI 検査中はとても大きな音が発生します．ですから，MRI で調音の動きと発音された音を同時に測定することは，非常に難しいのです．

それに比べてエコー検査はどうかというと，機器が小さく，簡単に持ち運ぶことができます．たとえば，第 3 章で触れたようなアフリカの言語を記述する場合，対象話者を MRI がある施設に連れてくるというのは，あまり現実的な話ではありません．でも，エコー機器は持ち運びできるので，検査を行なうことはさほど難しくありません．

図 4-5 は，南アフリカで話されているツォンガ語の 3 つの摩擦音の調音の様子を，エコーで分析したものです．一番左のパネル (a) は [s] の音，右のパネル (c) は [ʃ] の音（「シャ」に近い音），真ん中のパネル (b) は「口笛摩擦音」と言われる音です（口笛を吹くときのような口の形で発音されるためこのような名前が付いています）．私は友人と一緒にこのツォンガ語の研究を行なったのですが，最初

の頃は、パネル(b)の「口笛摩擦音」とパネル(c)の[ʃ]の音の違いを聞き取ることがさっぱりできませんでした．みなさんもこの2つの音を是非聞き比べてみてください． 音声 4-1, 2 そこでエコーによる調査を行なったのです．その結果が図 4-5 です．

念のために繰り返しますが、図 4-5 に写っているのは胎児ではなく、舌です！ 上の点線は口蓋（口の天井）を表しており、下の点線は舌の形を捉えています．この画像は MRI の画像とは逆に、向かって右が唇のほう、左が口の奥のほうになります．

これらを実際に見てわかるように、エコーを使うと、調音の違いをはっきりと見ることができます．(b)の口笛摩擦音と(c)の[ʃ]の音は、音の響きとしては非常によく似ているのに、舌の動きはまったく違います．音の違いを聞き取れなかった私も友人も、これらのエコー動画を見てびっくりしました．現在では、エコー動画をもとに、舌の動きを自動的に計測して統計的に処理する技術も進んでいます．エコー検査は、もはや病院の専売特許ではなくなっているのです．

EMA と顎と顔文字と

みなさん、第2章の終わりのほうで紹介した顔文字を覚えていますか（図 4-6 に再掲）？ 「この顔文字には、う＜お＜あの順に口の開きが大きくなることがしっかり表現されている」という話をしました．でも、この口の開きの大きさの順番は、本当に正しいのでしょうか？ また、本当にそうだとしたら、その大きさには具体的に

お(￣o￣) や(￣O￣) す(￣。￣) みぃ(￣-￣)ノ"

図 4-6 おやすみの顔文字．

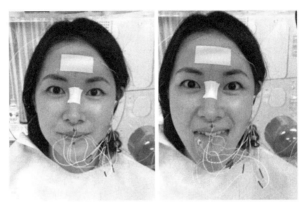

図 4-7 唇や舌の各所に EMA のセンサーを付けた被験者.

どのくらいの違いがあるのでしょうか？ 次に，そんな疑問に答えられる近代技術を紹介したいと思います．発音時の口の動きを測る「電磁波調音診断法(EMA)」です．

　EMA 検査では，図 4-7 のように，発話者の口の中のいろいろな部分にセンサーを付けます．センサーを付けたまま発音してもらうことで，口の中の動きを 3D 解析することが可能になるのです．この技術によれば，舌や顎のどの位置が，どのように，どれだけ動くか記録することができます．

　図 4-8 のグラフは，日本人の女性話者が「あ，い，う，え，お」を発音したとき，どれだけ顎が開くかを EMA で測定した結果を表しています．実際に「あ」の発音をするときのほうが「う」の発音をするときよりも顎が大きく開いていることがわかるでしょう．このように，たくさんのセンサーによって，EMA は発話中の顎の開きを記録し，「顎の開き具合」を数値化して，具体的に何ミリ動いているかまで測定することができます．

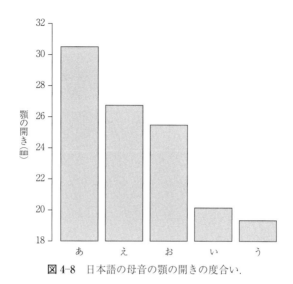

図 4-8 日本語の母音の顎の開きの度合い.

声帯の動きを首の外側から観察——EGG のテクニック

　第1章で濁音の話をした際,「閉鎖音の発音中に声帯振動を続けるのは難しい」という話をしたのですが,みなさん,覚えていますか？　もう一度簡単に説明しますと,「濁音を発音するときは,口腔が閉じてしまい,口腔の気圧が上がって,そこに声帯の下(肺)から空気を送り続けるのが難しくなる」ということでした.そこで私たち話者は解決策として,口腔の空間を大きくして,口腔内の気圧を下げるのでしたね.記憶が定かでない人は,第1章の9ページから13ページあたりの濁音の話を是非もう一度読んでみてください.しかし,この解決法にも限界があります.口腔を広げるといっても,どこまでも広げられるわけではありませんから,しばらくすると声帯振動は止まってしまうのです.

このことを念頭において，日本語について考えてみましょう．日本語には，濁音の他に促音というものがあります．促音とは「かった」の「っ」の部分で，音声学的には「長い音」とされます．「かった」では，「か」が伸ばされるのではなく，「た」の子音部分(=[t])が伸ばされているのです．ですから，「かった」は，音声的には[katta]と表記されます．

　では，外来語を抜きにして，日本語には果たして，「濁音であり，かつ促音である音」というものはあるのでしょうか？　あるとしたら，「っば」「っだ」「っが」というような音になりますが，少数の例外を除いて，そのような音は日本語にはありません．理由はもうおわかりですね？　もともと濁音を発音するのは空気力学的に困難ですから，それを促音にしようとすると，その"難しい状態"が長い時間続いてしまうことになり，日本語の話者は促音の発音中に声帯振動を維持することを無意識のうちに諦めてしまいます．それで，日本語話者にとって困難な音は，日本語には現れないのです．

　しかし，外来語には「促音かつ濁音」である音が存在します．たとえばそのような音は，「ベッド」や「バッグ」などの単語に含まれています．これらの「促音濁音」というものは，実際どのように発音されているのでしょうか．声帯の動きを測定するためには，EGG(電気グロトグラフィ)という機械が使われます．声帯は私たちの喉の左右に1つずつあって，この2つがくっついたり離れたりすることで振動しています．EGGは図4-9のように首の外側から左右それぞれの声帯の近くに取りつけて，声帯が開閉する様子を外側から観測することができる装置です．

　図4-10は，EGGを使用して「普通の(短い)濁音」と「促音である(長い)濁音」を計測した結果を示したものです．この実験では，

図 4-9 左右の声帯の開閉による振動を電気的に計測するEGG.

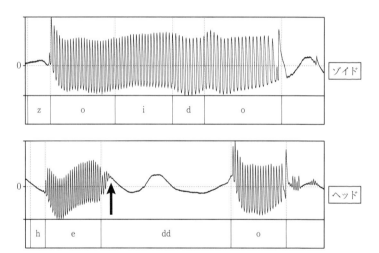

図 4-10 EGG で計測した日本語の単音の濁音「ゾイド」の「ド」と，促音濁音「ヘッド」の「ッド」の比較. 音声 4-3, 4

普通の濁音にはたとえば「ゾイド」，促音濁音には「ヘッド」を使用して計測を行ないました．

図 4-10 では，声帯の振動のひとつひとつが波で示されています．上は「ゾイド」と発音したときのもので，声帯の振動が「ド」の発音時も含めてずっと続いていることが確認できます．一方，下は「ヘッド」と発音したときのものですが，「ッド」の部分では声帯が

ほとんど振動していないことがわかります．矢印で示したところで声帯振動が止まっているのです．それでも私たちには声帯が振動しているように聞こえる，つまり「ゾイド」の「ド」を発音したときと同じように(濁音があるように)聞こえるというのは，興味深いことです．

調音点・調音法をもっと正確に！――EPG

最後に，「電気パラトグラフ(EPG)」という技術をご紹介しましょう．EPGは，話者の口の天井に取りつける人工的な口蓋で，これにもたくさんのセンサーが付いており，この人口的な口蓋に舌が接触すると，各センサーがそれを感知して記録するという仕組みになっています．このEPGを使うと，私たちが発音をする際，舌が口蓋のどの部分に接触するのか，かなり厳密に調べることができます．

その昔，このEPGが開発される以前は，調音点を調べるためには，舌先にオリーブオイルを混ぜた炭を付けて口蓋のどこに炭が付くかを調べるという手法がとられていました(実は，私も大学院生のときに実習でやらされましたから，そんなに昔の話でもありません！)．

図4-11は，日本語の「た」と「さ」の音をEPGで分析した結果を示しています．図の上のほうが口蓋の前(唇側)，下のほうが口蓋の後ろ(喉側)，一番下の列は軟口蓋にあたります．それぞれのブロックごとにセンサーが1つ付いており，話者が発音をしたときに，口蓋のどの場所にどれくらいの確率(%)で舌を接触させたかが示されています．

これを見ると，「た」では歯茎のかなり広い部分に舌が完全に

	100	100	100	100	100	100	
100	100	100	100	100	100	100	100
100	100	88	53	72	87	93	100
100	76	43	9	13	39	83	100
100	44	0	0	0	0	31	100
100	39	0	0	0	0	29	100
100	11	0	0	0	0	0	100
100	13	0	0	0	0	0	100

た

	83	51	0	0	0	52	
100	100	69	0	0	0	23	87
100	43	13	0	0	0	0	100
100	41	8	0	0	0	0	100
100	35	0	0	0	0	0	100
100	38	0	0	0	0	0	100
100	26	0	0	0	0	0	94
100	100	0	0	0	0	0	13

さ

図4-11 EPGで計測した日本語の「た」と「さ」.大阪保健医療大学の松井理直先生提供.

(100%)接触していることがわかります.空気の流れが完全に閉じられているということですね.それに対して,「さ」では歯茎の部分には閉じている様子が見られません.完全に閉じてしまっては空気が流れないためです.でも,舌がちゃんと上に上がっている証拠として,口蓋の側面の部分はしっかり閉じられています.

このように,EPGを使うと調音点を正確に測ることが可能となります.世界の言語の中には,複数の種類の歯茎音を使用する言語がありますが,区別の難しい歯茎音もEPGを利用すれば,その違いを測定することができます.たとえば,南インドやインド周辺で話されているトダ語では,「舌が上の歯にくっつく音」「歯茎の少し後ろにくっつく音」「前から数えて3本目ほどの歯のあたりにくっつく音」があります.このような音は,慣れていないと耳で区別をするのは非常に難しいのですが,EPGを利用すれば,その違いを目で見て区別できるようになります.

《まとめ》

　伝統的な記述音声学では，機械に頼らず，音声学者の耳を頼りに研究する方法が主流でした．しかし近代科学の発展により，文字通り"音を目で見る"ことが可能になりました．音声学者は様々な機械を使って調音を分析する手法を開発してきたのです．次の章では，同じように近代的な科学技術を使った音声の音響(声がどのように空気中を伝わるのか)の分析方法を見ていきましょう．

第5章　声紋分析官への道
──音響音声学

　突然ですが，みなさん，ドラマや映画で図5-1のような図を見たことはありませんか？　私は小さいときに見た刑事ドラマのワンシーンが非常に強く印象に残っています．警察官がこのような図を見比べて，「間違いない！　同一人物だ！」と叫ぶ場面です．警察官たちが見ていたあの図は，いったい何を表していたのでしょうか．実は彼らが見ていたのは，「声紋」を表す図でした．

　もう一度，図5-1の2つの図を見てください．上は発音によって生じた空気の振動パターンを表す「波形」，下は"声の指紋"と言われる「声紋」を表しています．これは，「私は何と言ってるでしょう」という音声を音響分析したものです（余談ですが，このような現代の音響分析技術は，戦時中に開発された，音によって魚雷を探知する技術が元になって発展したものです）．

　さて，実際，声紋は"声の指紋"と呼ばれるくらいですから，声紋にはそれぞれの人の声の特徴が表れます．ですから，犯罪捜査などで使われることもあり，みなさんにも刑事ドラマでおなじみというわけです．第3章で紹介したピーター・ラディフォギッドも，専門家として調査を依頼されたことがあると言っていました．

　また最近では，録音すること自体が簡単になったせいか，裁判の証拠に録音データが使われることが多くなっています．そのために録音データを捏造する事件も起こっており，提出された証拠が本物

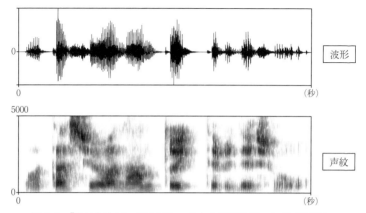

図5-1　「私は何と言ってるでしょう」の音響分析．上が「波形」，下が「声紋」．

かどうか確かめるため，声紋分析が行なわれることも増えてきています．

本章では，みなさんと一緒に"声紋分析官"になることを目指して，声紋とは何なのか，声紋からどんなことがわかるのかを見ていくことにしましょう．もちろん，実際に声紋分析官を目指していない人にも有用なお話をするつもりですので，とばさないで読んでくださいね．

実は大事な三角関数

声紋とは何かを理解するためには，高校数学の三角関数で出てくる「正弦波」を避けて通ることはできません．「正弦波なんて，なんのことやら……」と思ったみなさんも，「サイン，コサイン，タンジェント」は記憶にあると思います．そのサインの波が「正弦波」です．声紋を考える際になぜ正弦波を避けて通れないかという

と，それは，「声紋＝音を正弦波の集合に分解した結果」だからです．音声は複雑な"波"であり，すべての複雑な波は単純な波（＝正弦波）の集合であることが数学的に証明されています．ですから，音を理解するためには，正弦波が何かを理解することが非常に重要となるのです．

　本書はあくまでも入門書ということで，最初にお約束した通り，細かい数学的なところは省き，三角関数の話は控えめにすることにします．が，私が授業で実際に音声学を教えるときには，高校の三角関数をみっちり復習して細かいところまで教えるようにしています．そのくらい，音声学にとって三角関数は大事なものなのです．

　日本では，高校時代に「自分は文系だから数学は必要ない」と思って三角関数をしっかり勉強しない人がいる，という悲しい現実があります．でも，この声紋1つをとってみてもわかるように，言語学というかなり文系っぽい分野でも，三角関数というのは非常に大事なものなのです．ついでに言うと，対数関数も音声学を理解する上では非常に大事になります．なぜなら，音の大きさの単位であるデシベルは対数関数的だからです．だんだん難しくなってきて，何を言っているのかと思われそうですね！　でも，今ここですべて理解できなくても大丈夫です．私がここでみなさんにぜひお伝えしたいことは，「もしこの本を読んでいる高校生がいたら，文系・理系の区切りにこだわらずに，数学もしっかり学んでほしい」ということです．

　では，正弦波の一番基本的な性質だけおさらいしてみましょう．図5-2（左）を見てください．半径1の円の右端の一点にライトが付いています．この円が図5-2（右）のように，ゆっくり左周りに回るとします．このライトの高さを時間軸上に記録したら，どんなグラ

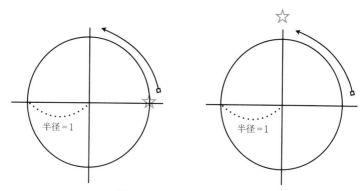

図5-2 正弦波のイメージ．

フができるでしょうか？ 結果は，図5-3(a)のようになります．これが最も基本的な正弦波（$f(x) = \sin(x)$）です．

しかし，正弦波にはいろいろな種類があります．たとえば，図5-3(a)のグラフは半径1の円の正弦波を表していますが，グラフ(b)のように半径2の円で表される正弦波もあります．また，スタートポイントをちょっとずらし，ライトが円の頂点にあったとすると，正弦波は(c)のようなグラフに表されます．さらに，円が回る速さを変えて速くすると，グラフ(d)のようになります．この回転速度が速いほど「周波数が高い」ということになります．グラフ(d)では，グラフ(a)の2倍の速度で波が繰り返されています．1秒間に波が何回繰り返されるかは，みなさんもきっとどこかで聞いたことのある単位，ヘルツ（Hz）で表します．　音声 5-1, 2

このように，正弦波には，①振れ幅の大きさ（＝振幅），②どこから始まるか（＝初期位相），③どれくらいの速さで繰り返すか（＝周波数）の3つの特徴が見られます．

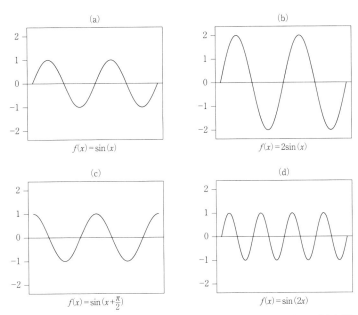

図 5-3 いろいろな正弦波. (a)図 5-2 の正弦波 (b)振幅が大きい (c)初期位相(スタートポイント)がずれている (d)周波数が高い.

フーリエ解析──すべての音は 1 つの音でできている

 現在の声紋分析に必要な数学の礎は, 数学者のジョゼフ・フーリエによって築かれました. フーリエは,「すべての音は, 異なる種類(周波数)の正弦波が異なる割合で入っているだけで, 基本的材料は正弦波のみである」ということを発見し,「どのような正弦波がその音のもとになっているかを分析する方法」, いわゆる「フーリエ変換」を編み出しました.

 みなさん, 小学校の図画の時間を思い出してみてください. パレットに出したいろいろな絵の具を混ぜて, 色を作りましたね.「黄

をこのくらい，青をこのくらい足したら緑ができますよ」などというふうに先生に教えてもらったのではないでしょうか．音についても，「この正弦波をこのくらい，こちらの正弦波をこのくらい足せば，こんな音ができますよ」と言うことは簡単です．

でも，パレットの上で何種類もの絵の具がすでに混ざってしまったものを見て，「これは赤を○％，青を○％，黄色を○％入れて作った色だ！」と分析できるとしたら，それはすごいことですよね．フーリエはまさにそれを，音声に関してやってのけたのです．

フーリエによれば，私たちの声もすべて，正弦波の集合に分解できてしまうということになります．そうです，先にも少し触れましたが，その結果こそが「声紋」なのです．フーリエの分析方法を使うと，すべての音を「どの周波数の正弦波がどれくらいの量（＝強さ）で含まれているか」で表すことができます．

具体的な例をあげて考えてみましょう．ある音を分析した結果，100ヘルツの正弦波が1の強さで，200ヘルツの正弦波が3の強さで，300ヘルツの正弦波が2の強さで入っていたとしましょう（この強さの単位には本来ならデシベルを使うのですが，そうすると対数関数がでてきてしまうので，本書ではあえてデシベルは使いません）．これを分解するプロセスがフーリエ変換です．

また，フーリエ変換の結果を図5-4のように表したものは，「スペクトル」と呼びます．ある音に「どの周波数の正弦波がどれくらいの量で含まれているか」を表すスペクトルは，"音のレシピ"と呼んでいいかもしれません．

スペクトルは，音のある一時点を分析したものですが，私たちが実際に聞いている音声には「長さ」があります．また，私たちは声を出す際，ずっと同じ音を発しつづけるわけでありませんから，音

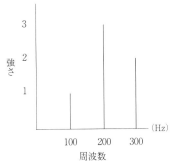

図 5-4 スペクトルの例.

声は時間軸にそって変わっていきます．そこで，細かい時点でのスペクトルを計算し，時間順に並べて書き表したものがスペクトログラム，すなわち「声紋」になります．

人間が声を発するときには，口の中で共鳴が起こります．ある特定の周波数の正弦波が増幅され，その増幅された正弦波がそれぞれの声の主成分になるわけです．本当は共鳴の仕組みも解説したいのですが，やや複雑な計算が必要になるので，本書では割愛します．ともあれ，どの周波数の正弦波が増幅されるかは，口の形によって異なってきます．当たり前のように思われるかもしれませんが，違う口の形をすると，違った共鳴が起こるので，私たちの耳には「違った音が違った音として聞こえる」のです．

さて，ここでもう一度，この章の初めに登場した図 5-1 の声紋を見ながら復習してみましょう．縦軸が周波数で，横軸が時間です．そして，黒さ(＝濃さ)で表されているのが，その特定の周波数の強さです．声紋は「それぞれの時点でどの周波数の正弦波が強く表れているか」を表したものだということが，おわかりいただけたでしょうか．

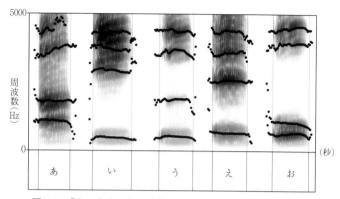

図 5-5 「あいうえお」の声紋分析. 黒い線がフォルマント.

「あいうえお」の声紋とは？

では，声紋の基本を理解したところで，日本語の「あいうえお」を声紋分析してみましょう．図5-5を見てください．母音では口の中の共鳴によってとても強く現れる正弦波があるのですが，黒い部分がそれを示しています．強く現れる正弦波はいくつかあり，それらを「フォルマント」と呼びます．図5-5では，フォルマントが黒い線で示されており，下から第1フォルマント，第2フォルマント，第3フォルマント……と呼びます．

実は，このフォルマントは非常に大事なもので，第1フォルマントと第2フォルマントを測ると，母音ごとに異なった周波数が見られるため，それだけで母音を区別することができます．ためしに，第1フォルマントと第2フォルマントをベースに，日本語の母音を見てみましょう．図5-6は，日本人の声優さんが発音した日本語の「あいうえお」の音響分析の結果を表したものです．

縦軸に第1フォルマントを，横軸に第2フォルマントを取ります．

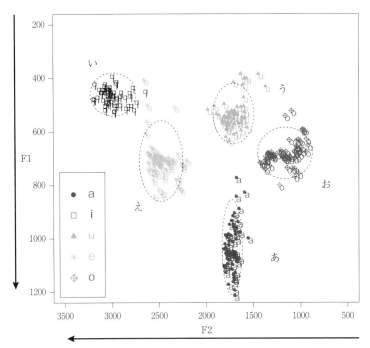

図 5-6 日本語の母音の第1フォルマント(縦軸)と第2フォルマント(横軸).

このグラフでは,音の周波数は縦軸の上が小さく下が大きい,横軸の右が小さく左が大きいというように,スケールが通常とは逆になっています.こうすると,なんとびっくり,第2章で見た,母音の発音の位置を表した「あいうえお」の表と似ているではありませんか!(表5-1に再掲)

それぞれの母音の舌の位置が,フォルマントのパターンにも表れているのです.図5-6を見ると横軸(第2フォルマント)が舌の前後の区別を音響的に表し,縦軸(第1フォルマント)が舌の高低(＝顎

表 5-1 日本語の母音の発音の位置(再掲).

	前舌母音	後舌母音
高母音	い	う
中母音	え	お
低母音		あ

の開き)に対応しています.前舌母音は高い第2フォルマントを持ち,後舌母音は低い第2フォルマントを持ちます.また顎の開き(＝舌の低さ)と第1フォルマントの高さは比例します.

ところで,このフォルマントですが,第2フォルマントだけ簡単に実際に聞いてみることができます.母音を発音する口の形にして(発音はせずに)歯磨きをしてみてください.「あ」の口の形をして歯を磨いたときに聞こえる音と,「い」の口の形をして歯を磨いたときに聞こえる音は,高さが異なるはずです.歯磨きをしながら自分の第2フォルマントが聞けると思うと,歯磨き嫌いな人でも歯磨きが楽しくなるかもしれません.やり方がよくわからない人はビデオを参考にしてみてください. ビデオ 5-1

声紋から探る[r]と[l]の違い

次に,日本人が苦手とする[r]と[l]の違いについて,再び考えてみましょう.音響分析の利点の1つは,このような音の違いも明確化できるということです.図5-7は,アメリカ人が発音したrice(お米)とlice(しらみ)を音響分析した結果を示したものです.

2つの発音の違いを探してみましょう.特に第3フォルマント(矢印で示してある下から3番目の黒い線)に注目してください.左の図では第3フォルマントが低いのに対して,右の図では第3フォルマントが高くなっているのがわかります.音響的にいうと,低い

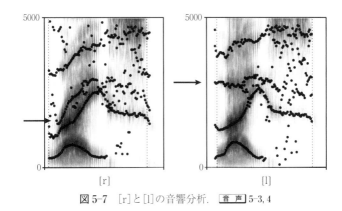

図 5-7 [r]と[l]の音響分析. 音声 5-3, 4

第3フォルマントが[r]の特徴なのです.

第4章では[r]に複数の発音方法があることを確認しましたが, ここで面白いのは, [r]のどの発音方法をとってみても, 「第3フォルマントが低い」というのは変わらないということです. 調音的にはバラバラでも, 音響的には一定なのです.

このように, 音響分析をすると, 日本人にとって聞き取りが難しい音を可視化することができます. さらに, ただ可視化できるだけでなく, 「この音の第3フォルマントは1500ヘルツである」というように定量化もできるようになります. こうすると, 外国語学習の研究者が, 日本人の発音を主観的に判断するのではなく, 数字を使って客観的に分析することが可能になります.

音響分析はまた, 教育の現場でも活かすことができます. たとえば日本人が英語の[r]の発音の訓練をするときに, 「あなたの[r]は今2500ヘルツですが, 1500ヘルツを目指しましょう. このように舌を動かすと, 第3フォルマントが下がりますよ」というようなアドバイスをしたり, 学習者に具体的な数字を提示してフィードバッ

クを与えたりすることができるようになります．コンピュータ技術の発達のおかげで，このような音響分析は，みなさんが持っているパソコンでもできます．みなさんにぜひお勧めしたいソフトウェアがあるのですが，それはあとで紹介することにしましょう．

どうして電話の相手の声を間違える？——振り込め詐欺に注意！

みなさん，こんな経験はありませんか？　友達の家に電話をして友達が出たと思って話し始めたら，実は相手は友達の兄弟(姉妹)だったというような……．私が子どもの頃はまだ携帯電話がありませんでしたから，私はそういう恥ずかしい思いをしたことがあります．友達の声なら聞き慣れてよく知っているはずなのに，どうして電話越しになると間違ってしまうことがあるのでしょうか．

この章では，いろいろな声紋を見てきましたが，グラフの縦軸の表示の上限は，どれも 5000 ヘルツになっていました．これはなぜかというと，(ちょっと雑な言い方ですが)それくらいの周波数があれば「何を言っているか」は伝わるからです．でも，「その人らしさを表す声の特徴」というものは，実は，もう少し高い周波数帯に現れるものなのです．

ところが，今の電話のシステムでは，伝達の効率化のために高い周波数帯が取り除かれてしまっています．電話では「何を言っているか」さえ伝わればいい(とされている)ので，「その人らしい声の特徴」を含んでいる部分の周波数は，あまり重視されていないのです．

システムの効率化を考えれば，仕方のないことなのかもしれませんが，これが振り込め詐欺蔓延の原因の1つになっている，という意見もあります．電話では相手の声を特徴づける部分が削られてい

るわけですから，電話の声を聞き間違えやすいのは，そんなに不思議なことではないのです．言い方を変えれば，「自分の耳はまだ若い」と思っているみなさんでも，電話の声に騙される可能性は十分にあるということです！

秋葉原のメイド声ってどんな声？

さて，第1章でお話ししたように，私はかつて，秋葉原のメイドさんの声の分析を行なったことがあります．秋葉原に行った人ならわかると思いますが，メイド喫茶のメイドさんたちの中には，特徴的な声を出す人が多くいます．この分析を行なっていた当時，私は研究の本拠地をアメリカにおいていたため，母国日本の秋葉原文化が一層気になって分析してみようと思ったのです．ところが，この研究に対する周囲からの反応は，「メイド声ってしょせん"裏声"じゃないの？」というものでした．

実行するのも難しいかと思われたこの研究ですが，幸いにも録音に協力してくれるメイドさんが見つかって，実態を調査することができました．録音に協力してくれたこのメイドさんの名前を，仮に「ミウさん」としましょう．ミウさんの協力を得て，私はまず，地声とメイド声で様々なことばを録音して比べてみました．

図5-8(左)は，ミウさんがメイド声で「あ，い，う，え，お」と発音したときの声紋です．ミウさんの音声のウェブ公開はNGということで，みなさんに実際に音声を聞いてもらえないのが残念ですが，ミウさんの場合，「え」の発音が非常に特徴的でした．左のメイド声の「え」と比べて，右の地声の「え」の黒い横縞に注目してください．

左のメイド声の「え」のほうは，高い周波数部分の横縞が薄いこ

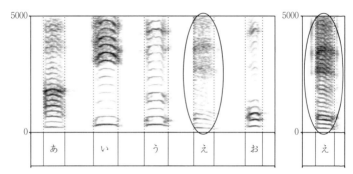

図 5-8　メイド声の「え」(左)と地声の「え」(右). Kawahara (2013)に基づく.

とに気づきましたか？　一方，右の地声の「え」は横縞がはっきりしています．メイド声の横縞の薄さは，実は声帯が大きく開いたときに見られる特徴です．音響分析の結果，ミウさんはメイド声で「え」という母音を発音する際に，普通の母音を発音するときよりも声帯が大きく開き，優しい印象を与えることがわかりました．

この調査ではまた，母音の発音の他に，ミウさんの声の高さも測ってみました．メイドさんの声はあきらかに普通の声よりも高いという印象があったからです．音響分析では，声の高さ(＝イントネーション)を測ることも可能なのです．図 5-9 は，「X が Y を Z した」というような日本語の文をメイド声と地声それぞれで読んでもらい，その声の高さを比較したものです．

丸で表されているのがメイド声のイントネーション，三角で表されているのが地声のイントネーションです．興味深いのは，音が高いところではメイド声と地声で差が出ているのに，低いところでは違いが出ていないということです．これも，メイド声が単なる裏声ではない証拠だと言えるでしょう．

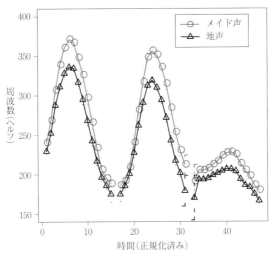

図 5-9 メイド声と地声のイントネーション．Kawahara(2013)に基づく．

アメリカ人だって，外国語習得は苦手

さて，これは第6章で改めて強調したいと思っていますが，私は，「外国語の発音が苦手なのは日本人だけではない」ということを，ぜひみなさんに知ってもらいたいと思っています．たとえば，アメリカ人には，日本語の「びょういん(病院)」と「びよういん(美容院)」の違いはとてもわかりにくいと言われています．

音響分析は外国語を話す際に「何が難しいのか」「どのような間違いをしてしまうのか」を探るためにも有用です．アメリカ人の英語話者を例にあげて考えてみましょう．英語は日本語と違って，子音の連続が多く出てきます．日本人が英語を学ぶ際に障害となる原因の1つがこれです．しかし英語でも，「子音-子音」の連続なら

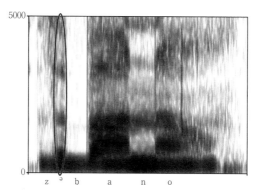

図 5-10 アメリカ人英語話者の[zb]の発音.
Davidson(2006: p. 119)より転載.

なんでも許されるのかというと，そうではありません．たとえば英語では，語頭に[zb]のような子音の連続は出てきません．でも，ポーランド語やロシア語などには，そのような子音の連続が出てきます．ですから，これらの言語を英語話者が話そうとすると，子音と子音の間に本来入ってはいけない母音が入ってしまうことがあります．

図5-10を見てください．[z]と[b]の間に，わずかですが，フォルマント構造を持った母音[ə]が入ってしまっています．そうです，日本人が子音と子音の間に母音を入れてclassを[kurasu]と発音してしまうように，英語話者も同じようなことをしてしまうことがあるのです！　外国語が苦手なのは，なにも日本人だけではないのです．

音響分析なら何でもお任せ——Praat

ここで，先ほど触れた，音響分析にとても有用なツールを紹介し

たいと思います．インターネットで「Praat(プラート)」で検索すればすぐに出てくると思いますが，本書で行なった音響分析のすべてが，このソフトで行なわれています．使われている音響分析の図も，このソフトで作ったものです．

また，このソフトはフリーなので，世界中の多くの研究者の間で広く使われています．Praatはフリーであるにもかかわらず，とても多くの音響分析機能を備えており，プログラミング機能も搭載しているので，ファイルの一括処理などもできてしまいます．音響分析に興味のある人は，一度ちょっといじってみると面白いかもしれません．

「高いのは小さく，低いのは大きい」？──音響的音象徴

ここまでは，音響分析について話をしてきました．ここで，音響と音象徴の関係について少し触れたいと思います．第1章でいろいろな音象徴パターンを見た際には，「[a] = 大きい，[i] = 小さい」という音象徴が調音に起因すると説明しました．しかし，音象徴の中には，音響的にしか説明がつかないパターンがあることにも触れました．そのような音響的な音象徴の多くは，「ある物体が音を出すとき，その物体が大きければ大きいほど，出される音は低くなる」という原理によります．これはチューバのような大きな楽器ほど低い音を出すということを考えれば納得できるでしょう．

この原理に関しては，人類学者のブレント・バーリンという人が面白い研究をしています．彼は，第3章で出てきた音声学者たちのように未知の言語を話す人々と生活を共にしながらその文化や言語を研究しているときに，「大きい鳥の名前には鼻音が使われていることが多い」ということを発見しました．ここでみなさん，[mm-

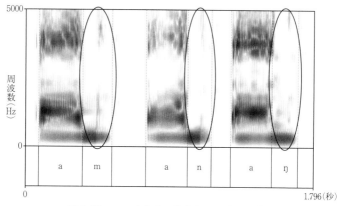

図 5-11 アメリカ人の鼻音(m, n, ŋ)の発音.

mmm]と発音してみてください.低い音しか出てきませんね.図5-11は英語の(m, n, ŋ)の音響特徴を表しています.低い周波数のところしか黒くなっていません.鼻音は低い周波数のエネルギーを強く持っているということです.バーリンは,この「鼻音＝低い」ことと,先ほどの「低い＝大きい」という原理から,「鼻音＝大きい」という音象徴が導かれると考えたのです.

「はい,チーズ！」の「チーズ」はどこから来た？

ところで,みなさんは笑うとき,どんな顔をしますか？ 「い」と発音したときに近い顔をするのではないでしょうか.もとは英語の習慣ですが,写真をとるとき,私たちは笑顔を作りだすために,よく「はい,チーズ！」と言います.でもどうして,「あ」でも「う」でもなく,「い」なのでしょうか？

これについては,ジョン・オハラという人が非常に面白い仮説を立てています.彼曰く,「動物にとって笑顔を見せるということは,

敵意がないことの証明である．敵意がないことを示すには，自分を小さく見せるのが一番である．そして自分を小さく"聞かせる"のも，敵意がないことを示す方法の1つである」というのです．

　第2章の絵文字の話のところでも取りあげましたが，私たちの口は，「い」と発音するときに横に広がります．そして口が横に広がると，舌の前と唇によってできる共鳴空間は非常に小さくなります．オハラは，この共鳴空間の小ささこそが敵意のなさを示すものだ，としています．少し前に戻って，図5-6の第2フォルマントを確認してみましょう．「い」はもっとも高い第2フォルマントを持っていますね．よって，「高い＝小さい」という連想が働くわけです．

　オハラの仮説は，逆の状況にも当てはまります．つまり，相手を脅すときには自分を大きく見せるのが一番だということです．テレビドラマでも，脅し文句は低い声で言われますね．また，ライオンの鳴き声は（日本語で）「ガオー」ですが，この「あ（が）」も「お」も，とても低い第2フォルマントを持っています．これは「低い＝大きい」という連想が働くからで，「あ」や「お」と言うことで自分を大きく見せることができるかもしれないことを示しています．

《まとめ》

　音響分析の基本原則は，「すべての音は正弦波の集合体によって表すことができる」というものです．この原則によって，私たちは，どの音にどのような周波数の正弦波が強く含まれているかを客観的に知ることができます．また，この分析方法を使うと，様々な声の特徴を分析することができます．次の章では，様々な音声が私たちの耳にどのように知覚されるのかを見ていくことにしましょう．

第6章　ないはずの音が聞こえる日本人
――知覚音声学

　最初にもお話ししたように，私はアメリカで10年以上暮らしましたが，英語ではいまだに聞き取りが難しい音があります．みなさんの中にも，英語の聞き取りに苦労をしたことがある人が多いのではないでしょうか．「読み書きはなんとかできるけど，聞くのはちょっと自信がない」という人もいると思います．

　日本人が苦手なものとしては，[r]と[l]の他にも，子音の連続の聞き取りがあります．前にも触れたように，英語のclassという単語を日本人が発音すると，[kurasu]というように余計な母音が2つも入ってしまうことがあります．strengthsなどという単語は母音が1つしかなく，その通りに発音できる気がしません．

　なぜ，日本人は子音の連続が上手く発音できないのでしょうか？　また，「外国語を身につけるのは早いほうがいい」という声をよく耳にしますが，実際のところ，どうなのでしょうか？　また"早い"という場合，いったいどれくらい早いほうがいいのでしょうか？　これらの疑問に答えるために，本章では，音の聞き取りを研究する「知覚音声学」に焦点を当てて，話を進めて行きましょう．

[r]と[l]――深層では何か違いを感じている日本人

　改めて聞いてみましょう．みなさんは，英語の[r]と[l]の聞き取りは得意ですか？　rice（米）とlice（しらみ）とでは，意味がまるっ

きり違いますから，この[r]と[l]を間違っては大変です．「この違いがまったくわからない」という人から，「ときどきわかる」「環境によってはわかる」「聞き取りはできないけれど発音上の区別ならできる」など，聞き取りのレベルは分かれると思います．日本人がこの2つの音の区別で苦労することは音声学の世界でも有名で，この問題に関して様々な研究がなされています．本書では具体的には触れませんが，それらの研究の結果，訓練次第である程度は聞き取れるようになるということがわかっていますので，[r]と[l]が苦手な人も，ご安心ください．

　第5章では，[r]と[l]の違いは第3フォルマントに現れるという話をしました．[r]の第3フォルマントは低く，[l]の第3フォルマントは高いのでしたね．ここで興味深い実験結果があります．[r]と[l]の第3フォルマントだけを抜き出して日本人に聞かせると，なんと日本人にもその違いがわかるというものです．しかし，その第3フォルマントを，他のフォルマントと一緒にして聞かせると，途端に日本人にはその違いがわからなくなり，両方とも同じに聞こえてしまうというのです．つまり，日本人は，[r]と[l]という2つの音の根本的違いはわかるものの，他の音の成分と一緒くたになってしまうと，その違いがわからなくなってしまうということです．

　また，もう1つ興味深い実験があります．ちょっと難しい実験ですが，噛み砕いて説明しましょう．この実験ではまず，[d]という音から[g]という音に少しずつ近づく音をいくつか作っていきます．そして，こうしてでできた音を，[r]の後ろと[l]の後ろにおきます．それから，その音を英語話者に聞いてもらい，[d]か[g]か判断してもらいます．すると，実際には同じ音が付いているにもかかわらず，[r]の後ろでは「[d]の音が聞こえた」と答える確率が高くなり，

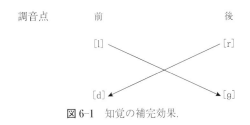

図 6-1 知覚の補完効果．

[l]の後ろでは「[g]の音が聞こえた」と答える確率が高くなりました．いったい，どうしてそのようなことになったのでしょうか？

音声 6-1, 2

聞く人の立場になって考えてみましょう．私たちが[r]と発音するときには，舌が口の後ろのほうに動きます．ですから，聞く人は（無意識に）[r]の舌の動きを想像し，「[r]と発音したのだから，後続する音もその影響を受けて後ろに引っ張られたのだろう」と予測します．そして，その「後ろに引っ張られたであろう分」を補完して，「より前のほうで調音される[d]が聞こえた」と答えるわけです．

一方，[l]を発音する際には舌が前に出るので，[l]に付いた音を聞いた場合は，「後続する音も[l]の発音の影響を受けて前のほうで発音したように聞こえたのだろう」と考えます．そして，その「前に出たであろう分」を補完し，「より後ろのほうで調音される[g]が聞こえた」と答えるのです．ちょっと複雑なこの現象は，知覚の「補完効果」と呼ばれています（図6-1）．

この仕組み自体，とても面白いと思うのですが，もっと面白いのは，同じ実験を日本人にした場合です．なんと，日本人話者，それも[r]と[l]の聞き分けができない日本人話者でも，英語話者と同じ結果が出るのです！　[r]と[l]の違いがわからないということで有

名な日本人にも，[r]と[l]による補完効果は働いているのです．この結果が何を意味するのかは専門家の間でもまだ意見が分かれるところですが，もしかしたら，私たち日本人は，[r]と[l]の違いを深層では感じているのかもしれません．

カテゴリー知覚

「知覚の補完効果」というのは，「物理的な音≠知覚される音」ということを示しています．実はこの「物理的な音≠知覚される音」という性質は，人間が音声を知覚する際の大きな特徴です．

この特徴を示唆するとても有名な実験を紹介しましょう．実験ではまず，[b]と[p]の音を用意し，その2つの音を違った割合でブレンドしていきます．たとえば，[b]=100%と[p]=0%，[b]=90%と[p]=10%，[b]=80%と[p]=20%，……[b]=10%と[p]=90%，[b]=0%と[p]=100%といった具合です．このように違った割合でブレンドされた音を人間に提示して，「この音は[p]に聞こえますか？ [b]に聞こえますか？」と聞いたら，どのような結果になるでしょうか？

物理的かつ数学的に考えると，[p]と答える確率はブレンドされた[p]の割合に比例し，図6-2(左)のような結果になるはずです．具体的にいうと，[p]が10%ブレンドされた音を聞かせた場合，話者は100回中10回は「[p]が聞こえた」と回答するということです．また[p]が30%ブレンドされていれば，100回中30回は「[p]が聞こえた」と答えることが予測されます．しかし，実際に人間に対してこの実験を行なうと，そのような結果にはなりません．

実際の結果をグラフに表すと，図6-2(右)のようにSカーブ曲線が描かれます．これはどういう意味なのか，詳しく見てみましょう．

第6章　ないはずの音が聞こえる日本人　89

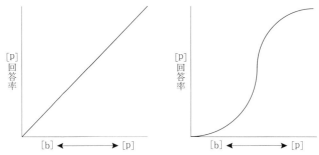

図 6-2　(左)は，物理的な[p]の成分量が[p]の知覚を決定するとした場合のグラフ．(右)は，人がブレンドされた音を聞いたときの実際の反応を示したグラフ．

図 6-2(右)を見ると，ある特定の点で急激に[p]の確率が上がっています．これはつまり，ブレンドする[p]の割合を少しずつ増やしていくと，「[b]が聞こえた」という回答が，ある点で急に「[p]が聞こえた」という回答に変わる，ということを示しています．

　[p]を 70%，[b]を 30% ブレンドした音を聞いたとき，私たちは「この音は 30% は[b]っぽいけど，[p]が 70% も入っているから[p]だな」と考えるのではなく，物理的には 30% 含まれている[b]の音を知覚せずに，[p]の音のみを知覚して，「[p]が聞こえた」と回答するのです．このような知覚のことを「カテゴリー知覚」といいます．　音声 6-3

　数字やグラフが苦手なみなさんは，頭が痛くなってきたかもしれませんね．そんなみなさんは，こう考えてみてください．「コーヒー」と「牛乳」を混ぜて飲み物を作るとします．最初は牛乳をまったく入れずに，コーヒー 100% のものを作ります．それから牛乳を少しずつ足していき，コーヒーをまったく入れない飲み物(つまり「牛乳」)も用意します．これらの飲み物を対象者に飲んでもらって

「この飲み物はなんだと思いますか？」と聞くと，「コーヒー牛乳」と答える人はおらず，必ず全員が「コーヒー」か「牛乳」のどちらかだと答える，ということです．つまり，「これはコーヒーが少なめなコーヒー牛乳だ」とか「これはコーヒーが多めなコーヒー牛乳だ」とかいった判断はできず，「コーヒー」か「牛乳」であるとしか感じられないということです．これはあくまでたとえですので，もちろん実際にそんな実験をしたら，「コーヒー牛乳だ」と思う人がたくさん出てくると思いますが，音声の場合は，そうはならないということです！

　なぜ人間は，このような音声知覚特徴を持つのでしょうか？　この答えはまだ明確になっていません．ちなみに，のちの実験では，チンチラ（ネズミの一種）でも，カテゴリー知覚が観察されています．カテゴリー知覚は人間特有のものでもないというのですから，ますます不思議ですね．

[ebuzo]と[ebzo]が同じに聞こえる日本人

　さて，「物理的な音≠知覚される音」という特徴を裏付ける実験は，さらにあります．第2章で触れたように，日本語では子音の後に母音がきます．たとえば，「か」は[k]という子音の後に[a]という母音が付いてできた音です．異なる子音が連続することはほとんどありません．例外は「ん」くらいです．あの「わんたんめんかん」を思い出してください．例えば，「んた」のところで[nt]の連続が出てきます．

　この子音の後には母音がくるという特性が日本人の音声の知覚に影響を与えることを示した実験を紹介しましょう．エマヌエル・デュプーを中心としたフランスの研究チームが行なった実験ですが，

この実験では，まず[ebuzo]という音声を用意し，それから，その真ん中の[u]の部分を少しずつ削って，[ebuzo]から[ebzo]に近づいていく音を複数作りました．

デュプーらは対象者に対してランダムにそれらの音を聞かせ，真ん中に母音があるかどうかを判断してもらいました．すると，フランス人は，母音の長さに応じて「母音がある」と判断する確率が高くなったのですが，日本人は，音響的にはほとんど母音がなくても「母音がある」と判断してしまうことがわかったのです． 音声 6-4, 5

どうしてそうなるのでしょうか？　これは，日本語では子音の後に母音がくるというのが当たり前なので，私たちの耳が子音の後に"勝手に"母音を入れて聞いてしまうためです．この「ありもしない母音を聞いてしまう」という現象は，実は他の言語話者でも見られます．研究の皮切りになったのは日本語話者ですが，のちに韓国語話者や，なんと英語の話者にまで，「ありもしない母音を聞いてしまう」という現象が見られるという報告がなされています．

脳が音をでっちあげる？

上で述べたこの現象は，実は，「私たちの脳によって母音がでっちあげられた」ことによる可能性があります．この現象に関する脳科学の手法を駆使した実験を1つ紹介しましょう．脳はある特定の刺激を数回与えられると飽きてしまいますが，そこで違った刺激を与えると，「新しい刺激が来た！」という反応を示します．この性質を利用して，この実験では，[ebuzo]→[ebuzo]→[ebuzo]→[ebzo]という順番で並んだ音を日本人とフランス人に聞かせました．初めの3つの音で脳を飽きさせて，4つ目に違う音を聞かせ，それを「違う」と判断するかどうかテストしたわけです．

その結果，フランス人の被験者からは，4番目の音を聞かせた際に脳反応が検知されました．フランス人の脳は，初めの3つの音が同じ[ebuzo]なので飽きてしまったものの，4つ目には[ebzo]という違う音が来たので，脳がリフレッシュされ違いを認識することができたのです．ところが，日本人の脳には，[ebuzo]と[ebzo]の違いがわからないらしく，「新しい刺激が来た」という脳反応は見られませんでした．この実験の結果を考えると，どうやら日本人の脳は，「ありもしない母音をでっちあげている」ようです．

　ということは，私たちが英語の子音の連続を聞き取るのが大変なのは，"私たちの脳のせい"ということになります．だとしたら，英語の聞き取りが私たち日本人にとって難しいのは当たり前ということになります．ですから，私は，このような脳レベルでの混乱が起きている可能性を考えると，外国語を聞くときに完璧さを求め過ぎないほうがいいのではないかと思うのです．ただの言い訳ではなく，難しいのにはれっきとした理由があるのですから！

日本人だけじゃない——[tl]と[kl]が同じに聞こえるアメリカ人

　ここで1つ明確にしておきたいことがあります．それは，「"日本人は外国語の聞き取りが苦手だ"という認識は正しくない」ということです．外国人にも発音が難しい音があるということは第5章でも確認しましたが，知覚（聞き取り）についても同じことが言えます．たとえば，英語にもフランス語にも，[tl]で始まる単語はありません．ですから，ヘブライ語などの[tl]で始まる単語は，アメリカ人やフランス人には[kl]で始まっているように聞こえてしまいます．

　また，日本語では「雨」と「飴」のような単語を音の高さで区別しますが，この2つを区別することも，英語話者にとっては非常に

難しいものです(日本人でも出身地によっては,この2つを区別しない人もいます.でも,ここではいわゆる"標準語"で考えてください).それから,意外に思われるかもしれませんが,富士山の「ふ」の音も,英語話者にとっては知覚が難しい音だと言われています.日本語の「ふ」の音は,英語の摩擦音[f]よりもずっと弱い両唇摩擦音([Φ])です.そのため,[f]の強い音に慣れてしまっている英語話者には,この「ふ」の音が正しく聞こえず,「ふじさん」が「うじさん」に聞こえてしまうことがあるのです.

でも,日本語が外国語として特に聞きづらい言語なのかというと,そうでもありません.たとえば,英語ではóbject(目的)とobjéct(反対する)のようにストレス(母音の強弱)の位置で単語を区別することがありますが,フランス語にはこのような区別がないため,フランス人はストレスの位置を認知するのがとても苦手です.要は,どの言語の話者であっても,自分の母語の知識にひっぱられるため,外国語の正確な聞き取りは非常に難しいということです.

赤ちゃんは言語習得の天才

大人になって新しい言語を学ぼうとすると,多くの人が壁にぶつかります.赤ちゃんのときは何の苦労もせずに,新しい言語を学べたのに,どうして大人になると,言語の習得が難しくなってしまうのでしょうか? それは,「新しい言語を学ぶ」には「新しい音を学ぶ」必要があり,その「新しい音を学ぶこと」が非常に難しいからです.これはどんな母語の話者にも共通に見られる問題です.

赤ちゃんは,生まれてきた言語環境がどうであれ,そこで話されている言語を学ぶことができます.血筋的には日本人であっても,アメリカで育った2世の人は英語を完全にマスターすることができ,

[r]と[l]もばっちり聞き分けることができるようになります．いったいなぜ，赤ちゃんのときにはできたことが，大人になるとできなくなってしまうのでしょうか？

　実は，赤ちゃんは，「どんな音でも聞き分ける能力」を持って生まれてくるのです．これについては，パトリシア・クールという人が研究を行なっています．ある研究では，おしゃぶりをスピーカーにつないで，おしゃぶりを吸うと音が出る機械を作りました．赤ちゃんは，最初は音が出ると楽しいので何回もおしゃぶりを吸います．ところが，同じ音をずっと聞いていると，赤ちゃんはだんだんそれに飽きてしまいます．そこで新しい音を出すと，赤ちゃんは再び興味を示し，一生懸命おしゃぶりを吸うようになります．この実験手法を使うと，赤ちゃんがどのような音のペアを違うものとして知覚するのか調べることができます．

　このような実験の結果から，クールは「赤ちゃんは人間言語のあらゆる音を区別できる能力を持って生まれてくる」と結論づけました．また，その他多数の実験から，日本人の赤ちゃんも[r]と[l]の区別ができることも確認されています．しかも，生後6〜8ヶ月の間は，アメリカ人の赤ちゃんも日本人の赤ちゃんも，[r]と[l]の区別が同じようにできることもわかっています！　このような実験結果に基づいて，クールは，赤ちゃんを"言語習得の天才"と呼んでいます．

　ところが，生後10〜12ヶ月になると，アメリカで育った赤ちゃんは[r]と[l]の区別がよりできるようになり，日本で育った赤ちゃんはそれらの区別ができなくなってしまいます．

　これはなぜかというと，赤ちゃんは生まれてくるときはどのような言語でも身につけられるような準備をして生まれてくるのですが，

生後10ヶ月を過ぎると,自分の周りから聞こえてくる音だけの専門家になってしまうためです.よく,「使われない筋肉は衰える」と言われますが,その状況に似ていると言っていいかもしれません.確かに,周りで使われている音の専門に特化したほうが効率がいいですよね.

赤ちゃんはテレビで音は学ばない

クールはもう1つ,とても重要な発見をしました.それは,「赤ちゃんはテレビを見るだけでは音を学ぶことができない」ということです.この実験では,英語を母語とする赤ちゃんに台湾語を聞かせました.1つのグループの赤ちゃんには,テレビの中の女性が台湾語で話しかけ,もう1つのグループの赤ちゃんには,女性が実際に,直接,台湾語で話しかけました.ここで大事なのは,テレビに出てくる女性と実際に話しかける女性が同一人物で,基本的には同じことを話しかけたという点です.

実験の結果,テレビを見ただけの赤ちゃんは台湾語の音を学ばなかったのに対し,実際に女性と接した赤ちゃんは台湾語の音を学ぶことがわかりました.これは非常に重要な発見です.赤ちゃんは,人と接しながらでしかことばを覚えることはない.言いかえると,コミュニケーションの現場で発せられる音のみを重要な情報として捉える性質を,赤ちゃんは生まれながらにして持っているのです.ことばを話さない赤ちゃんに話しかけるのは気恥ずかしいという人もいるかもしれませんが,赤ちゃんは自分の母語にどんな音が出てくるのか,常に耳を傾けています.ですから,みなさんも,赤ちゃんと接する機会があったら,ぜひ積極的に話しかけてあげてください.

完璧な外国語習得は無理？

　クールの実験から，私たち人間の音の聞き取り能力は生後10〜12ヶ月で母語に特化されてくることがわかっています．ということは，いつまでに外国語を習えば"完璧なマスター"が可能になるのかという問いにも，自ずと答えが出てきます．答えは，「できるだけ早いほうがいい」ということになります．特に0〜7歳頃までは，外国語の習得がよくできると言われています．

　しかし一方で，ただ早く外国語を学ばせさえすれば外国語を完璧にマスターできるのかというと，そうでもありません．この点に関しても実験が行なわれています．この実験では，英語を話す国に移住した子どもの発話が「どれくらい外国語訛りがあるか」，英語話者に判断してもらいました．すると，「何歳で移民したか」と「どれくらい外国語訛りがあるか」には，強い直線的な相関が見られました．5歳以下で移住をした子どもの中でも，より幼い頃に移住した子どもほど外国語訛りが少なかったのです．これはつまり，5歳以下で移住したとしても訛りが残ってしまう可能性がある，ということを意味します．

　私の友人の中には思春期にアメリカに渡って"完璧な"英語を身につけた人もいますので，断言はできませんが，悲観的に言うならば，完璧な外国語習得は，よほど小さいとき（つまり生後6ヶ月頃）に始めなければ無理だということになります．

　しかし正直なところ，「それでいいのではないか？」と私は思っています．英語を話すとき，私たち日本人がそれを完璧に話さなければならないというルールはありません．どの言語を母語とする人でも，英語を外国語として話すときに訛ってしまうのは，至極当然

のことだからです．「英語ができないから」と恥ずかしがらずにどんどん声を出してさえいけば，いつのまにかそれなりに英語は話せるようになるものです．実際に，私が初めて英語に触れたのは12歳のとき，アメリカに渡ったのは20歳のとき，とだいぶ遅かったのですが，そんな私でも，アメリカの大学で教鞭を執れる程度には英語ができるようになりました．もちろん，先にもお話ししたように，[r]と[l]の区別は今でも難しいですし，私の英語は完璧ではありません．それでも今のところ，大きな支障はありません（と，私は思っています……）．

また，学習を始めるのが早ければ早いほど外国語が上達する傾向があるのは確かですが，それがすなわち，「日本で英語教育を始める時期を早めるべきだ」という結論にはつながりません．この点に関して，私は専門家ではないので深い議論には入りませんが，教育というものには，教師側の能力や生徒側の動機・環境など，様々な要素が関わってきますので，容易な結論に飛びつくのにはやや問題があると言わざるを得ません．

《まとめ》

この章では，人間がどのように音を知覚するのかを学びました．人間の音声知覚の特徴として一番重要なのは，「物理的な音≠知覚される音」ということです．日本人の耳には，ありもしない母音が聞こえてしまうことがあります．また，「知覚の補完効果」の例で示した通り，私たちの耳は，ある音を聞こうとするとき，その音の前後の音に影響を受けてしまうこともあります．

第7章　社会との接点を目指して
——福祉音声学

　最後に，本書を終える前に，音声学と実社会との接点についてお話ししたいと思います．言語学のようないわゆる文系の学問をやっていると，「それって何のためにやってるの？」「それって何か社会の役に立つの？」と聞かれることが少なくありません．このような「言語の研究は社会にどう役立つのか」という問いに，「社会の役に立つものだけが学問ではない」とだけ言って済ませるのも1つの答えです．

　ニュートンだって，飛行機を飛ばすために物理学の研究をしたわけではないでしょうし，ケプラーも月に人類を送るために天体観測を行なったわけではないでしょう．自分の研究が将来どのような形で社会に貢献するかは，必ずしも研究をしているときにわかるものではありません．しかし，学問が社会に貢献すべきか否かの議論はさておき，音声学は，実際，言語学の中では直接社会の役に立ちやすい分野です．

消滅危機言語を救え！

　音声学が実社会に役に立っている例としては，少数の話者しか使っていない言語の復興プロジェクトがあげられます．第3章で触れた通り，今も世界中で多くの音声学者が未知の言語の記述に取り組んでいます．その対象となっている言語の中には，少数の話者しか

存在しない言語も少なくありませんが，その話者の中には若い人がほとんどいないというのが現状です．そのような言語は「消滅危機言語」と呼ばれますが，そのまま放っておけば，やがて話者はいなくなり，その言語はこの世から消えてしまうことになります．

では，なぜ消えゆきそうな言語の絶滅を防ぐのが大事なのでしょうか？　それは，「個々の言語が人類の財産であるから」です．これは絶滅の危機に瀕しているトキのことを考えれば容易に理解できるでしょう．トキには，トキしか持っていない遺伝子があるかもしれないため，生物学者は将来の研究のためにトキを保存しようとしています．同じように，音声学者が消滅危機言語を保存しようとするのは，その言語でしか使われていない音があるかもしれないからなのです．

消滅危機言語の復興を目指している音声学者たちは，若い世代の人たちに消滅危機言語を教えたり，その学習環境を整えるために辞書や文法書の編纂を行なったりしています．アメリカやドイツなどでは，政府が資金的な補助を行なって消滅危機言語の復興に努めています．また日本でも，文部科学省の支援を受けて，方言の記述や保護に専念している研究者が大勢います．

現代社会に根付いている音声工学の技術

音声学はまた，みなさんに身近な場でも役立っています．たとえば，スマートフォンなどによく使われている"しゃべるアプリ"には，音声合成の技術が使われており，今や日常生活の中で，多くの人がその恩恵に預かっています．この音声合成の機械を作るためには，その言語のすべての音の音響的特徴がしっかりと解明されていることが前提となります．たとえば，日本語の音を合成するために

は，まず日本語に使われる音のひとつひとつにどのような音響的特徴があるかを綿密に分析・解明しなければなりません．

また最近のスマートフォンには，音声認識機能が搭載されているものも多く見受けられます．携帯電話があたかもこちらの言ったことばを聞いて理解しているかのように動いてくれるのですから驚きですが，このシステムの背後にも，音響分析の研究の大きな積み重ねがあります．どのような音響特徴を持つ音が，日本語ではどのような音として使われ，その音がどのような意味を持つのか理解していなければ，このような技術の開発は不可能です．音声学を科学技術の一部として活かしていく分野は，一般的に「音声工学」と呼ばれています．

より効率的な外国語学習方法を目指して

すでに何度か触れましたが，効率的な外国語学習方法を研究するのも，音声学の仕事の1つです．外国語学習のためには，その学ぶ対象となる言語の発音をよく調べなければなりません．それには調音音声学の技術が使われます．「英語の[r]は必ずしも巻き舌を伴わない」ということは，MRIの実験によって明らかにすることができました(第4章参照)．音響分析を行えば，外国語学習者の発音の習得度を，主観的にではなく客観的に評価することが可能になります(第5章参照)．また，私たちが外国語の音をどのように知覚するのかを明らかにするのも，知覚音声学の大事な研究テーマの1つです(第6章参照)．音声学は，効率的な外国語学習法の探求に必要不可欠だと言っていいでしょう．

音声学はまた，言語障害のある人たちへの支援にもつながっています．たとえば，調音的な問題が起こっている場合，その原因の探

索には調音音声学の技術が大変有用です．また，言語障害がある人の発音を書き取るためには，IPA（国際音声記号）が有効で，言語障害のある発話を書き取るためにIPAの拡張版があることは第3章で触れた通りです．また，言語障害のある発話の書き取りには，声紋分析が非常に役に立ちます．声紋分析を行なうと，具体的にどの調音器官が原因で言語障害が起こっているかがわかり，より正確な書き取りができる場合があるからです．

このように，言語障害がある人への支援には音声学の知識が欠かせず，実際に言語聴覚士を目指す人には，音声学が必須科目となっています．アメリカ時代，私の実験室では，言語聴覚士を目指す学生たちが音声学の技術を学ぶために積極的に研究に協力してくれました．その中には現在，プロの言語聴覚士として第一線で活躍している卒業生もいます．

失われる声を救う──マイボイス

さて，私自身が深く関わっている，音声学と実社会の接点についてお話ししたいと思います．みなさんは，ALSという病気を知っていますか？　日本語では「筋萎縮性側索硬化症（きんいしゅくせいそくさくこうかしょう）」と言われる神経系の難病で，症状が進むと筋肉が次第に動かなくなり，後期には人工呼吸器の装着を余儀なくされることが多い病気です．また，喉頭癌などを患い，喉頭を摘出しなければならなくなるケースも少なくありません．ALSにかかった患者さんは，最終的に自分の声で話すことができなくなってしまいます．

「マイボイス」とは，このような患者さんが声を失ってしまう前に自分の声を録音し，その録音データをもとに，声を失った後でも，パソコン上で打ち込んだ文をその人の声で再生できるというフリー

のソフトウェアです．このマイボイスは，音声学とはまったく異なる世界にいた吉村隆樹さんと都立神経病院の作業療法士である本間武蔵さんが，二人三脚で何年もかかって開発してきたものです．マイボイスを使えば，誰でも自分の声を取っておくことができます．声を失った後も自分の声でコミュニケーションが取れるということは，患者さんにとっても，介護する家族にとっても，非常に大きな意味があります．

　マイボイスの開発者のお二人には，驚くべきことに，音声学を学んだ経験はありません．にもかかわらず，「失われる声を救う」ソフトを開発・使用し，患者さんのために無料で提供し続けています．当初，テレビで本間さんの試みを知って衝撃を受けた私は，「音声学を研究する者として何かお手伝いできることはないだろうか」という思いから本間さんにお手紙を書き，以来今日まで，その活動に加えてもらっています．

　実際にどんなことをしているのか，少し具体的に紹介しましょう．一口に声の録音というと簡単に聞こえますが，実際には多くの課題があります．患者さんが録音時にすべての音を同じような音量で発音することは不可能ですし，録音をしている間に，音の高さが少しずつ変わってきてしまうこともあります．でも音量や高さが変わってしまうと，後で文として再生したときに不自然さが出てきてしまうことがあります．そこで，この問題を解決するために，Praatを利用して音の音量や高さなどを自動的に調整する仕組みを作りました．

　また，慶應義塾大学では，マイボイスを紹介するワークショップの開催も定期的に行なっており，マイボイスを支援する動きは，全国に広がりつつあります．マイボイスを知っている人が増え，また

マイボイスの録音法を身につけた人が1人でも増えれば，救われる患者さんの声の数は一気に増えます．

　最後に，本章の「福祉音声学」というタイトルを見て，みなさんの中には「あれ？」と思った人がいるかもしれません．「福祉音声学」ということばを聞いたことがある人は，いないのではないでしょうか？　というのも，これは私による造語だからです．マイボイスの事例が示しているように，音声学には，人の生に関わり，人の生に役立つ可能性や機会があふれています．ですから，「"福祉"の音声学があってもいいのではないだろうか」と私は思うのです．この「福祉音声学」が，音声学の世界でも，また一般の世界でも，多くの人に知られ，受け入れられるよう，私自身これからさらなる実践・研究に励みたいと思っています．

エピローグ
　　──さらなる視界へ

　みなさん，いかがでしたか？　本書では，私たちの音声を様々な側面から探求する「音声学」を，できるだけ身近なトピックや例をもとに紹介してきました．第1章では「音象徴」を取りあげ，音自体に意味とのつながりがあるということを，そしてその音と意味のつながりには音声的な理由があることを明らかにしました．第2章では，音声学の基本的な概念を紹介しながら，五十音図に潜む規則性を解読しました．第3章では，音声学をツールとして世界中の言語を記述する人たちの試みを紹介しました．

　第4～6章では，音声学の3大分野である「調音音声学」「音響音声学」「知覚音声学」を，できるだけわかりやすく解説したつもりです．そして第7章では，音声学が社会とどのように関わっているのか，また将来どのように関わっていけるのかについてお話ししました．

　本書を読んだみなさんに，音声学に少しでも興味を持っていただけたら幸いです．もちろん，本書で紹介したものは音声学のほんの一端にすぎません．興味と意欲があるみなさんには，ぜひ，もっともっと音声学を勉強してもらいたいと思います．

　音声学はその性格上，他の様々な学問とつながっています．たとえば，私たちが外国語を学ぶとき，どうしても発音がうまくいかないことがありますが，その「うまくいかない」ということがいった

いどういうことなのかは，音声学の手法によって客観的に理解できるようになります．ですから，外国語習得の研究や外国語教育と音声学とは，切り離すことができません．また，方言の記述を行なうことも音声学の仕事であることも本書の中で述べました．

また，歌うことも結局は音声を発するということですから，音声学は音楽学や声楽ともつながります．さらに，私たちの音声認識を研究する知覚音声学は，心理学，哲学，認知科学，さらには脳科学とも関わります．また，人間の言語活動というのは人間の生にとっても大事なことですから，音声学は医学と関わることもあります．音声学がいかに他の学問とつながっているかわかるでしょう．つまり音声学を学ぶことによって，他の様々な学問への道が開けるのです．本書を通じて，音声学に興味を持つ人が1人でも増えることを願いつつ，本書を締めたいと思います．

謝辞：ピーター・ラディフォギッド教授の孫弟子であるジョン・キングストン先生には，大学院時代に音声学の理論と手法を基礎から叩き込んでいただきました．先生がいらっしゃらなければ，本書が存在することはなかったでしょう．また，本書の草稿にコメントをくださった大阪保健医療大学の松井理直先生，北星学園大学の松浦年男先生，北海道医療大学の榊原健一先生に感謝申し上げます．慶應義塾大学の川原研究会のメンバーには，本書自体へのコメントはもちろん，いつも刺激的な議論をさせてもらっていることに感謝します．増田斐那子先生，深澤はるか先生，佐々木美帆先生，佐野真一郎先生，杉岡洋子先生，杉山由希子先生，ドナ・エリクソン先生，ジェフ・ムーア君に感謝を捧げます．また，学部時代の同志である松谷汀さんには非言語学者の立場から，またプロの翻訳家の立

場から（文字通り！）容赦なく日本語の直しをいただきました．本書が一般の方にとって読みやすくなるよう細かいチェックを入れてくださったことに感謝します．

　本書は，科学研究費（若手研究（B）#26770147 及び基盤研究（B）#26284059）及び福澤諭吉記念慶應義塾学事振興基金の支援を受けています．

　また，本書の執筆は，妻，朋子が出産のために里帰りしている間に主に行ないました．執筆期間中には娘，咲月が生まれ，特に最後の仕上げの期間には"三つの月"に励まされて本書を仕上げることができました．言語学者としての私の歩みを照らしてくれる"三つの月"に心から感謝しつつ……．

　2015 年 10 月 12 日

川 原 繁 人

参考文献の紹介

第 1 章

『クラテュロス』を実際に読んでみたい人に

- ロイ・ハリス＆タルボット・J・テイラー（著），斎藤伸治＆滝沢直宏（訳）(1997).『言語論のランドマーク』大修館書店．第 1 章「クラテュロス」を参照．またソシュールの研究に興味がある人は，第 14 章を参照．

サピアの[mil]と[mal]の実験

- Sapir, E.(1929), A study in phonetic symbolism. Journal of Experimental Psychology 12: 225–239.

日本人・韓国人・中国人を対象にした，大きさに関する音象徴の実験

- 篠原和子＆川原繁人(2013), 音象徴の言語普遍性——大きさのイメージをもとに.『オノマトペ研究の射程』篠原和子＆宇野良子（編）．ひつじ書房．pp. 43–57.

濁音の空気力学／口腔の拡張についての考察

- Ohala, J.(1983), The origin of sound patterns in vocal tract constraints. P. MacNeilage(ed.). The Production of Speech. New York: Springer-Verlag. pp. 189–216.
- 上記の篠原＆川原(2013)にも日本語での解説がある．

図 1-2 のオリジナル図

- http://www.chass.utoronto.ca/~danhall/phonetics/

ケーラーの不思議な図（図 1-6）のオリジナル出典

- Köhler, W.(1929), Gestalt psychology. New York: Liveright.

パーフォースの実験

- Perfors, A. (2004), What's in a name? The effect of sound symbolism on perception of facial attractiveness. Proceedings of CogSci 2004.

- 解説記事
  http://www.nature.com/news/2004/040809/full/news040809-4.html
- パーフォースが実験に使ったサイト：https://hotornot.com. hot(＝魅力的)か(=or)そうではないか(=not)を判断するサイト．

名前が商品のイメージに与える音象徴の研究
- Klick, R.(2000), Creating brand names with meaning: The use of sound symbolism. Marketing Letters 11: 5–20.
- Yorkston, E. & G. Menon(2004), A sound idea: Phonetic effects of brand names on consumer judgments. Journal of Consumer Research 31: 43–51.

日本語のメイドの名前の研究
- 川原繁人(2013), メイド文化と音声学．『メイドカフェ批評』．たかとら(編). pp. 112–121. http://user.keio.ac.jp/~kawahara/pdf/MaidTakatoraEdited.pdf からダウンロード可能．

名古屋大学の秋田喜美先生による音象徴の文献目録
- https://sites.google.com/site/akitambo/jpn/biblio

第 2 章

日本語「は」行の歴史的考察
- 上田萬年(1898), P 音考．『帝国文学』．

日本語ラップの韻の研究
- Kawahara, S.(2007), Half rhymes in Japanese rap lyrics and knowledge of similarity. Journal of East Asian Linguistics 16: 113–144.

音韻論的ラップの世界(上記論文の日本語での解説)
- http://user.keio.ac.jp/~kawahara/pdf/音韻的ラップの世界.pdf

日本語のダジャレの研究
- Kawahara, S. & K. Shinohara(2009), The role of psychoacoustic similarity in Japanese puns: A corpus study. Journal of Linguistics 45: 111–138.

第3章
17世紀のロドリゲスによる日本語の研究
- ロドリゲス・ジョアン(1604–1608),日本語文典(Arte de Lingoa de Iapam).

IPAの表
- https://www.internationalphoneticassociation.org/content/ipa-chart

iPA Phonetics
- IPAの表をもとに全ての音が聞け,実際の発音のビデオも見られるiPhone, iPad対応アプリ.John Esling作
  https://itunes.apple.com/jp/app/ipa-phonetics/id869642260?mt=8

『マイ・フェア・レディ』の撮影に関するエピソードが収録されている教科書.ラディフォギッドが書いた教科書の中で一番簡単に読める
- Ladefoged, P. & S. F. Disner(2012), Vowels and consonants, 3rd Edition. Oxford: Wiley-Blackwell.

記述言語学のテクニックを学びたい人のための教科書
- Ladefoged, P.(2003), Phonetic data analysis: An introduction to fieldwork and instrumental techniques. Oxford: Wiley-Blackwell.

国際音声学会誌(Journal of International Phonetic Association)
- http://journals.cambridge.org/action/displayJournal?jid=IPA

IPAのハンドブック
- (1999), Handbook of the International Phonetic Association: A guide to the use of the international phonetic alphabet. Cambridge: Cambridge University Press.

世界の音が視聴できるサイト
- http://www.vowelsandconsonants3e.com/chapter_14.html

世界の様々な言語音の紹介本
- Ladefoged, P. & I. Maddieson(1996), The Sounds of World's Languages, 2nd Edition. Oxford: Blackwell Publishers.

ベルベル語の子音だけでできた文

- Ridouane, R., Voiceless, vowel-less words in Tashlhiyt Berber: Acoustic and fibroscopic evidence. 著者はベルベル語の母語話者. http://ed268.univ-paris3.fr/lpp/pages/equipe/fiches/rachid_ridouane/Ridouane_Syllable.pdf

方言保存への試みの例
- 京都大学の田窪行則先生によるデジタル博物館「ことばと文化」 https://www.facebook.com/kikigengojp?fref=ts

第 4 章

日本語の母音の MRI 画像の引用元. 付属の DVD で日本語の他の音の MRI データも見ることができる
- 国際交流基金／磯村一弘 (2009), 『音声を教える』. ひつじ書房.

ツォンガ語のエコー分析
- Lee-Kim, S., S. Kawahara, & S. J. Lee (2014), The "whistled" fricative in Xitsonga: Its articulation and acoustics. Phonetica 71: 50–81.

EMA による日本語の顎の開きの分析
- Kawahara, S., H. Masuda, D. Erickson, J. Moore, A. Suemitsu & Y. Shibuya (2014), Quantifying the effects of vowel quality and preceding consonants on jaw displacement: Japanese data. 音声研究 18: 54–62.

パラトグラフに関しては, 第 3 章であげた Ladefoged (2003) や Ladefoged & Maddieson (2006) を参照.

第 5 章

三角関数からフーリエ解析まで"わかりやすさ"を重視する人に
- 渋谷道雄＆晴瀬ひろき (2006), 『マンガでわかるフーリエ解析』. オーム社.

フーリエ解析の数学的な解説も"しっかり"読みたい人に
- トランスナショナル カレッジ オブ レックス (編) (2013), 『フーリエの冒険』. ヒッポファミリークラブ.

メイド声の音響分析
- Kawahara, S.(2013). The phonetics of Japanese maid voice I: A preliminary study. 音韻研究 16: 19–28.
- 川原繁人(2013). メイド文化と音声学.『メイドカフェ批評』. たかとら(編). pp. 112–120. http//user.keio.ac.jp/~kawahara/pdf/MaidTakatoraEdited.pdf

英語話者の[zb]の発音の図
- Davidson, L.(2006). Phonology, phonetics, or frequency: Influences on the production of non-native sequences. Journal of Phonetics 34: 104–137.

ブレント・バーリンの仮説
- ブレント・バーリン(2013). 動物名称に見られる共感覚的音象徴. 篠原和子&川原繁人(訳)『オノマトペ研究の射程』篠原和子&宇野良子(編). ひつじ書房. pp. 17–42.

Praat のダウンロード
- http//www.fon.hum.uva.nl/praat/

「い」の顔が笑顔の理由
- Ohala, J.(1994). The frequency code underlies the sound symbolic use of voice pitch. Hinton, L., N. Johanna & J. Ohala(eds.), Sound Symbolism. Cambridge: Cambridge University Press.

第 6 章

日本人の[r]と[l]の F3 の知覚
- Miyawaki, K., W. Strange, R. Verbrugge, A. M. Liberman, J. J. Jenkins, & O. Fujimura(1975). An effect of linguistic experience: The discrimination of [r] and [l] by native speakers of Japanese and English. Perception & Psychophysics 18: 331–340.

日本人の[r]と[l]の知覚補完効果
- Mann, V.(1986). Distinguishing universal and language-levels of speech perception: Evidence from Japanese listeners' perception of English "l" and "r". Cognition 24: 169–196.

カテゴリー知覚研究の古典のひとつ
- Liberman, A. M., K. S. Harris, H.S. Hoffman, & B. C. Griffith (1957), The discrimination of speech sounds within and across phoneme boundaries. Journal of Experimental Psychology 54: 358–368

チンチラのカテゴリー知覚
- Kuhl, K. P. & M. D. James (1978), Speech perception by the chinchilla: Identification functions for synthetic VOT stimuli. Journal of the Acoustical Society of America 63: 905–917.

[ebzo]の知覚実験
- Dupoux, E., K. Kakehi, Y. Hirose, C. Pallier & J. Mehler (1999), Epenthetic vowels in Japanese: A perceptual illusion? Journal of Experimental Psychology: Human Perception and Performance 25: 1568–1578.

[ebzo]の知覚に関する脳科学実験
- Dehaene-Lambertz, G., E. Dupoux, & A. Gout (2000), Electrophysiological correlates of phonological processing: A cross-linguistic study. Journal of Cognitive Neuroscience 12: 635–647.

[tl]と[kl]の知覚的混同
- Hallé, P. & C. Best (2007), Dental-to-velar perceptual assimilation: A cross-linguistic study of the perception of dental stop+/l/ clusters. Journal of the Acoustical Society of America 121: 2899–2914.

フランス人のストレス知覚の実験
- Dupoux, E., N. Sebastián-Gallés, E. Navarrete & S. Peperkamp (2008), Persistent stress 'deafness': The case of French learners of Spanish. Cognition 106: 682–706.

パトリシア・クールの研究のまとめ
- Kuhl, P. (2007), Is speech learning 'gated' by the social brain? Developmental Science 10: 110–120.

Youtube上のパトリシア・クールの講義

- https://www.youtube.com/watch?v=G2XBIkHW954

外国語習得の難しさについて
- Piske, T., I. A. MacKay, & J. Flege (2001), Factors affecting degree of foreign accent in an L2: A review. Journal of Phonetics 29: 191–215.

第7章
マイボイスについて
- 川原繁人・本間武蔵・今関裕子・吉村隆樹・荻原萌・深澤はるか・増田斐那子・篠原和子・杉岡洋子・杉山由希子 (2015), マイボイス：言語学が失われる声を救うために. 音韻研究 18: 127–136.

マイボイスのサポートページ
- http://user.keio.ac.jp/~kawahara/myvoice.html

さらに学びを深めたい人に
- 川原繁人 (2017), 『「あ」は「い」より大きい!?――音象徴で学ぶ音声学入門』. ひつじ書房.
- 川原繁人 (2018), 『ビジュアル音声学』. 三省堂.
- 川原繁人 (2022), 『フリースタイル言語学』. 大和書房.
- 川原繁人 (2022), 『音声学者, 娘とことばの不思議に飛び込む――プリチュワからカピチュウ, おっけーぐるぐるまで』. 朝日出版社.

川原繁人

1980年生まれ．2002年国際基督教大学卒．2007年米国マサチューセッツ大学大学院言語学専攻博士課程修了．博士（言語学）．ジョージア大学助教授，ラトガース大学助教授を経て，2013年より慶應義塾大学言語文化研究所に移籍，現在，教授．専門は音声学・実験音韻論および一般言語学．最近の研究テーマは音声実験による音韻理論への貢献，音声学を通しての社会貢献，幼児の言語習得など．国際専門雑誌に論文を多数掲載．

岩波科学ライブラリー 244
音とことばのふしぎな世界——メイド声から英語の達人まで

2015年11月5日　第1刷発行
2023年3月6日　第9刷発行

著　者　川原繁人

発行者　坂本政謙

発行所　株式会社 岩波書店
〒101-8002 東京都千代田区一ツ橋2-5-5
電話案内 03-5210-4000
https://www.iwanami.co.jp/

印刷・理想社　カバー・半七印刷　製本・中永製本

© Shigeto Kawahara 2015
ISBN 978-4-00-029644-1　Printed in Japan

岩波科学ライブラリー〈既刊書〉

廣瀬雅代，稲垣佑典，深谷肇一
271 サンプリングって何だろう
統計を使って全体を知る方法
定価 1320 円

ビッグデータといえども，扱うデータはあくまでも全体の一部だ．その一部のデータからなぜ全体がわかるのか．データの偏りは避けられるのか．統計学のキホンの「キ」であるサンプリングについて徹底的にわかりやすく解説する．

虫明 元
272 学ぶ脳
ぼんやりにこそ意味がある
定価 1320 円

ぼんやりしている時に脳はなぜ活発に活動するのか？ 脳ではいくつものネットワークが状況に応じて切り替わりながら活動している．ぼんやりしている時，ネットワークが再構成され，ひらめきが生まれる．脳の流儀で学べ！

イアン・スチュアート／川辺治之訳
273 無限
定価 1650 円

取り扱いを誤ると，とんでもないパラドックスに陥ってしまう無限を，数学者はどう扱うのか．正しそうでもあり間違ってもいそうな9つの例を考えながら，算数レベルから解析学・幾何学・集合論まで，無限の本質に迫る．

松本 顕
275 時をあやつる遺伝子
定価 1430 円

生命にそなわる体内時計のしくみの解明．ショウジョウバエを用いたこの研究は，分子行動遺伝学の劇的な成果の一つだ．次々と新たな技を繰り出し一番乗りを争う研究者たち．ノーベル賞に至る研究レースを参戦者の一人がたどる．

濱尾章二
276 「おしどり夫婦」ではない鳥たち
定価 1320 円

厳しい自然の中では，より多く子を残す性質が進化する．一見，不思議に見える不倫や浮気，子殺し，雌雄の産み分けも，日々奮闘する鳥たちの真の姿なのだ．利己的な興味深い生態をわかりやすく解き明かす．

金重 明
277 ガロアの論文を読んでみた
定価 1650 円

決闘の前夜，ガロアが手にしていた第1論文．方程式の背後に群の構造を見出したこの論文は，まさに時代を超越するものだった．簡潔で省略の多いその記述の行間を補いつつ，高校数学をベースにじっくりと読み解く．

新村芳人
278 嗅覚はどう進化してきたか
生き物たちの匂い世界
定価 1540 円

人間は400種類の嗅覚受容体で何万種類もの匂いをかぎ分けるが，そのしくみはどうなっているのか．環境に応じて，ある感覚を豊かにし，ある感覚を失うことで，種ごとに独自の感覚世界をもつにいたる進化の道すじ．

藤垣裕子
279 科学者の社会的責任
定価 1430 円

驚異的に発展し社会に浸透する科学の影響はいまや誰にも正確にはわからない．科学技術に関する意思決定と科学者の社会的責任の新しいあり方を，過去の事例をふまえるとともにEUの昨今の取り組みを参考にして考える．

ロビン・ウィルソン／川辺治之訳 **280 組合せ数学** <div align="right">定価 1760 円</div>	ふだん何気なく行っている「選ぶ，並べる，数える」といった行為の根底にある法則を突き詰めたのが組合せ数学．古代中国やインドに始まり，応用範囲が近年大きく広がったこの分野から，バラエティに富む話題を紹介．
小澤祥司 **281 メタボも老化も腸内細菌に訊け！** <div align="right">定価 1430 円</div>	癌の発症に腸内細菌はどこまで関わしているのか？ 関わっているとしたら，どんなメカニズムで？ 腸内細菌叢を若々しく保てば，癌の発症を防いだり，老化を遅らせたり，認知症の進行を食い止めたりできるのか？
井田喜明 **282 予測の科学はどう変わる？** 人工知能と地震・噴火・気象現象 <div align="right">定価 1320 円</div>	自然災害の予測に人工知能の応用が模索されている．人工知能による予測は，膨大なデータの学習から得られる経験的な推則で，失敗しても理由は不明，対策はデータを増やすことだけ．どんな可能性と限界があるのか．
中村　滋 **283 素数物語** アイディアの饗宴 <div align="right">定価 1430 円</div>	すべての数は素数からできている．フェルマー，オイラー，ガウスなど数学史の巨人たちがその秘密の解明にどれだけ情熱を傾けたか．彼らの足跡をたどりながら，素数の発見から「素数定理」の発見までの驚きの発想を語り尽くす．
グレアム・プリースト／菅沼聡，廣瀬覚訳 **284 論理学超入門** <div align="right">定価 1760 円</div>	とっつきにくい印象のある〈論理学〉の基本を概観しながら，背景にある哲学的な問題をわかりやすく説明する．問題や解答もあり．好評『〈1 冊でわかる〉論理学』にチューリング，ゲーデルに関する二章を加えた改訂第二版．
傳田光洋 **285 皮膚はすごい** 生き物たちの驚くべき進化 <div align="right">定価 1320 円</div>	ボロボロとはがれ落ちる柔な皮膚もあれば，かたや脱皮でしか脱げない頑丈な皮膚．からだを防御するだけでなく，色や形を変化させて気分も表現できる．生き物たちの「包装紙」のトンデモな仕組みと人の進化がついに明らかになる．
海部健三 **286 結局，ウナギは食べていいのか問題** <div align="right">定価 1320 円</div>	土用の丑の日，店頭はウナギの蒲焼きでにぎやかだ．でも，ウナギって絶滅危惧種だったはず……．結局のところ絶滅するの？ 土用の丑に食べてはいけない？ 気になるポイントを Q ＆ A で整理．ウナギと美味しく共存する道を探る．
藤田祐樹 **287 南の島のよくカニ食う旧石器人** <div align="right">定価 1430 円</div>	謎多き旧石器時代．何万年もの間，人々はいかに暮らしていたのか．えっ，カニですか……！？ 貝でビーズを作り，旬のカニをたらふく食べる．沖縄の洞窟遺跡から見えてきた，旧石器人の優雅な生活を，見てきたようにいきいきと描く．

定価は消費税 10％込です．2023 年 3 月現在

○岩波科学ライブラリー〈既刊書〉

中嶋亮太 **288 海洋プラスチック汚染** 「プラなし」博士、ごみを語る 定価 1540 円	大洋の沖から海溝の底にまで溢れかえるペットボトルやポリ袋、生き物に大量に取り込まれる微細プラスチック。海洋汚染は深刻だ。人気サイト「プラなし生活」運営者でもある若手海洋研究者が問題を整理し解決策を提示する。
藤井啓祐 **289 驚異の量子コンピュータ** 宇宙最強マシンへの挑戦 定価 1650 円	量子コンピュータを取り囲む環境は短期間のうちに激変した。そのからくりとは何か。いかなる歴史を経て現在に至り、どんな未来が待ち受けているのか。気鋭の若手研究者として体感している興奮をもって説き明かす。
笠井献一 **290 おしゃべりな糖** 第三の生命暗号、糖鎖のはなし 定価 1320 円	糖といえばエネルギー源。しかし、その連なりである糖鎖は、情報伝達に大活躍する。糖はかしこく、おしゃべりなのだ！ 交尾、殺人、甘い罠。謎多き生命の〈黒幕〉、糖鎖の世界をいきいきと伝える、はじめての入門書。
ケネス・ファルコナー／服部久美子訳 **291 フラクタル** 定価 1650 円	どれだけ拡大しても元の図形と同じ形が現れて、次元は無理数、長さは無限大。そんな図形たちの不思議な性質をわかりやすく解説。自己相似性、フラクタル次元といったキーワードから現実世界との関わりまで紹介する。
髙木佐保 **292 知りたい！ ネコごころ** 定価 1320 円	「何を考えているんだろう？ この子…」ネコ好きの学生が勇猛果敢にもその心の研究に挑む…。研究のきっかけや実験方法の工夫、被験者（？）募集にまつわる苦労話など、エピソードを交えて語る「ニャン学ことはじめ」。
宮内哲 **293 脳波の発見** ハンス・ベルガーの夢 定価 1430 円	ヒトの脳波の発見者ハンス・ベルガー（1873-1941）。20 年以上を費やした測定の成果が漸く認められた彼は、一時はノーベル賞候補となるもナチス支配下のドイツで自ら死を選ぶ。脳の活動の解明に挑んだ科学者の伝記。
井田徹治 **294 追いつめられる海** 定価 1650 円	海水温の上昇、海洋酸性化、プラスチックごみ、酸素の足りないデッドゾーンの広がり、漁業資源の減少など、いくつもの危機に海は直面している。環境問題の取材に長年取り組んできた著者が、最新の研究報告やルポを交えて伝える。
時本真吾 **295 あいまいな会話はなぜ成立するのか** 定価 1320 円	なぜ言葉になっていない話し手の意図を推測できるのか？ なぜわざわざ遠回しな表現をするのか？ 会話の不思議をめぐり、哲学・言語学・心理学の代表的理論を紹介し、現代の脳科学にもとづく成果まで取り上げる。

296 新版 ウイルスと人間

山内一也

定価 1320 円

ウイルスにとって，人間はとるにたらない存在にすぎない——ウイルス研究の泰斗が，ウイルスと人間のかかわりあいを大きな流れの中で論じる．旧版に，新型コロナウイルス感染症を中心とする最新知見を加えた増補改訂版．

297 医療倫理超入門

マイケル・ダン, トニー・ホープ／児玉聡, 赤林朗訳

定価 1870 円

医療やケアに関する難しい決定を迫られる場面が増えている．医療資源の配分や安楽死の問題，認知症患者のどの時点での意思を尊重すべきか…．事例を交え医療倫理の考え方の要点を説明する．『〈1冊でわかる〉医療倫理』の改訂第二版．

298 電柱鳥類学
スズメはどこに止まってる？

三上 修

定価 1430 円

電柱といえば鳥，電線といえば鳥．でも，そこで何をしているの？ カラスは「はじっこ派」？ 感電しないのはなぜ？——あなたの街にもきっとある，鳥と電柱，そして人のささやかなつながりを，第一人者が描き出す．

299 脳の大統一理論
自由エネルギー原理とはなにか

乾 敏郎, 阪口 豊

定価 1540 円

脳は推論するシステムだ！ 神経科学者フリストンは，「自由エネルギー原理」によって知覚，認知，運動，思考，意識など脳の多様な機能を統一的に説明する理論を提唱した．注目の理論を解説した初の入門書．

300 あなたはこうしてウソをつく

阿部修士

定価 1430 円

なぜウソをつく？ ウソを見抜く方法はある？ ウソをつきやすい人はいる？ ウソをつきやすい状況は？ ウソをつくとき脳で何が起きている？ 人は元来ウソつきなのか，正直なのか？ 心理学と神経科学の最新知見を紹介．

301 次なるパンデミックを回避せよ
環境破壊と新興感染症

井田徹治

定価 1430 円

人間が引き起こしてきた環境問題が，近年加速している動物由来感染症のパンデミックの背景にある．その関連性を，著者自身のルポや最新の研究報告，識者の発言を交えて解き明かし，正しい未来を作り直す術を提言する．

302 子どもの算数、なんでそうなる？

谷口 隆

定価 1540 円

子どもの突拍子もない発想や間違いの奥には何があるのだろう．数学者である父親が，わが子と算数を考えることを楽しみながら，子どもの頭の中で何が起きたのかを推理する．学びとは何かを深く問いかけるエッセイ．

303 深層学習の原理に迫る
数学の挑戦

今泉允聡

定価 1320 円

第三次人工知能ブームの中核的役割を果たす深層学習は，様々な領域に応用される一方，「なぜ優れた性能を発揮するのか」ということは分かっていない．深層学習の原理を数学的に解明するという難題に，気鋭の研究者が挑む．

定価は消費税10%込です．2023年3月現在

岩波科学ライブラリー〈既刊書〉

304 名随筆で学ぶ英語表現
トム・ガリー，松下貢
寺田寅彦 in English
定価 1430 円

現代的視点をもって，数多くの名随筆をうみだした物理学者・寺田寅彦．「茶碗の湯」など五編が英文となってうまれかわる．熟語，構文から科学的読み解きまで，充実した解説で科学の心と自然な英語表現が身につく．

305 抽象数学の手ざわり
斎藤毅
ピタゴラスの定理から圏論まで
定価 1430 円

ピタゴラスの定理や素因数分解といったなじみ深い数学を題材に，現代数学のキーワード「局所と大域」「集合と構造」「圏」「線形代数」などを解説．紙と鉛筆をもって体験すれば，現代数学の考え方がみえてくる．

306 カイメン すてきなスカスカ
椿玲未
〈生きもの〉
定価 1760 円

どこを切ってもスッカスカ！　動物？　植物？　そもそも生物？　そんな存在感のないカイメンが，じつは生態系を牛耳る黒幕だった!?　サンゴ礁の豊かな海も彼らなしには成り立たない．ジミにすごいその正体は？【カラー頁多数】

307 学術出版の来た道
有田正規
定価 1650 円

学術出版は 350 年を超える歴史を経て，特殊な評価・価値体系を形成してきた．その結果として生じている学術誌の価格高騰や乱立，オープンアクセス運動，ランキング至上主義といった構造的な問題を解き明かす．

308 クオリアはどこからくるのか？
土谷尚嗣
統合情報理論のその先へ
定価 1540 円

これまでの研究における発展と限界，有望視されている統合情報理論，そして著者が取り組んでいるクオリア（意識の中身）を特徴づける研究アプローチを解説．意識研究の面白さ，研究者が抱いている興奮を伝える．

309 僕とアリスの夏物語
谷口忠大
人工知能の、その先へ
定価 1760 円

突然現れた謎の少女アリス．赤ちゃんのように何も知らなかったが，主人公・悠翔たちから多くを学んでいく．しかしある日……!?　AIと共存する未来とは．「発達する知能」はどう実現されるのか．小説と解説の合わせ技で迫る！

310 食虫植物
福島健児
進化の迷宮をゆく
定価 1980 円

植物なのに肉食なんて！　しかしその特殊能力のわりに，いつだってマイナーなのはなぜか．ベジタリアンもいるの？　妙な形や「胃腸」はどこから……？　気鋭の研究者の道案内で，その妖しい魅力に心ゆくまで囚われよう．

311 人類冬眠計画
砂川玄志郎
生死のはざまに踏み込む
定価 1320 円

人々の間でイメージが出来上がっているが，いまだ技術として確立していない人工冬眠．実現に向けてブレイクスルーとなりうる成果に携わった研究者が，自身の体験や想いを交えながら「人類冬眠計画」を披露する．

定価は消費税 10% 込です．2023 年 3 月現在